아우구스티누스

기독교의 가장 위대한 사상가

차례
Contents

들어가는 말

　신학이나 철학에 관심이 없는 사람이라도 또한 그리스도교 신자가 아니더라도 한 번쯤은 아우구스티누스 성인의 이름을 접해 보았을 것이다. 그리고 그의 다른 작품은 모르더라도 아마 그의 『고백록』에 대해서는 한 번쯤 들어 보았을 것이다. 라틴 교부들 가운데 한 사람인 아우구스티누스의 영향력은 비단 신학에만 한정되어 있지 않다. 또한 그의 사상은 특히 중세 시대에 서양 사상을 지배했고, 따라서 중세 사상가라면 많든 적든 그의 영향을 받지 않은 사람이 드물다. 예를 들어 토마스 성인도 아리스토텔레스와 더불어 아우구스티누스 성인을 자주 인용하고 있으며, 그의 이론에서도 아우구스티누스 성인의 이론을 많이 따르고 있다.

인간적인 면에서 그에게 관심을 갖게 되는 첫째 이유는 그의 작품『고백록』때문인지도 모른다. 이 작품은 많은 사람들이 연구하고 번역했으며 지금까지도 끊임없이 번역되고 있다. 그는 이 작품에서 나약한 인간의 모습과 결점까지도 모두 용서해주고 받아주는 하느님을 찬미하고 있다. 그리고 겸손한 마음으로 병들고 불쌍한 자신의 영혼을 그분에게 온전히 바치는 기도로써 봉헌한다.

소년 시절에 아우구스티누스는 라틴어와 산수의 기초 그리고 그리스어도 배웠다. 아우구스티누스는 어머니의 무릎에서 힘들지 않게 라틴어를 배웠다. 그러나 사람들이 학교에서 그에게 가르치려고 했던 그리스어는 증오했다. 왜냐하면 그는 '잔혹한 협박과 벌'을 받으면서 그리스어는 배우도록 강요받았기 때문이다. 그는 이렇게 말한다. "주님! 저는 당신께 기도하는 사람들을 만났고 그들에게서 당신이 위대한 분이라는 것을 어렴풋이나마 배웠습니다. 당신은 우리의 감각에는 현존하지 않으시지만 우리의 기도를 들으시고 우리를 도와주실 수 있는 분이라는 것을 배웠습니다. 어린아이로서 저는 당신께 기도하기 시작했습니다. (중략) 학교에서 매 맞고 싶지 않다고. 그러나 당신께서 내 기도를 들어주시지 않았을 때 (중략) 어른들은, 더욱이 내게 나쁜 일이 닥치는 것을 원하지 않았던 것이 확실한 저의 부모님조차도 제가 매 맞는 것을 그냥 웃어 넘기셨습니다. 그러나 그 당시 내게 이 매야말로 정말로 크고 가장 어려운 일이었습니다."(『고백록』1권, 9, 14)

"오, 나의 하느님, 선생의 회초리로부터 순교자의 시련에 이르기까지 당신의 법은 우리에게 유익한 고통의 혼합 효과를 갖고 있습니다. 이 고통은 해로운 기쁨 때문에 당신으로부터 멀어진 우리를 당신에게로 다시 부릅니다."(『고백록』1권, 14, 23) 모든 인간의 관심사 중 죄가 가장 중요한 것이라고 생각하는 그의 사상에서 죄와 악의 개념은 이미 그의 어린 시절에 중요 개념이 되었다고 할 수 있다. 성인이 되어서 그는 악의 근원을 끊임없이 질문했고, 마니교에서 그 해답을 찾았다고 생각했다. 그가 보기에 마니교는 그리스도교의 조잡하고 불합리한 교의와는 달리 진리를 합리적으로 나타내고 있는 것 같았다. 그리스도인들은 하느님이 세계 전체를 창조했고 하느님은 선하다고 주장했다. 그렇다면 그들은 악과 고통의 존재를 어떻게 설명할 수 있을까? 이에 반해 마니교도들은 이원론을 주장했다. 이 이원론에 따르면, 두 개의 궁극적인 원리가 있는데, 하나는 선善의 원리이자 빛의 원리인 신神 또는 오르마즈드Ormuzd이고, 또 하나는 악惡의 원리이자 어둠의 원리인 아리만Ahriman이다. 이들 두 원리는 영원하고 양자 간의 싸움도 영원하다.1)

그러나 마니교에 대한 그의 확고한 믿음이 흔들리면서 그는 마니교를 떠나게 된다. 그리고 결국 아카데미아의 회의주의를 거쳐 가톨릭 신자로 전향한다. 그는 고향인 타가스테와 카르타고, 밀라노 그리고 로마에서 일생을 보냈다. 이것만 보아서는 그의 삶이 아주 단순해 보이지만 사실 그의 인생 역정과 사상의 변화는 무척 다양하며 그의 사유는 매우 심오하다.

아우구스티누스 성인에 대한 글을 쓴다는 것은 생각보다 쉽지 않다. 그의 사상이 신학과 철학에 끼친 영향은 무척 커서 구교뿐 아니라 개신교에서도 그에 대한 저서들이 매우 많기 때문이다. 또한 그의 저작 가운데 상당수가 번역되어 나와 있을 뿐만 아니라 그를 주제로 한 책들과 논문들이 많다는 사실 역시 이 작은 책 안에서 성인을 다루는 것을 어렵게 만드는 이유이다.

이 책에서는 다음과 같은 순서에 따라 성인에 대해 살펴보기로 했다. 맨 먼저 아우구스티누스의 생애를 요약했다. 그 다음으로 아우구스티누스의 사상 중에서 중요한 몇 가지를 중심으로 논의를 전개했다. 우선 그의 생애에 대한 서술 부분에서는 가톨릭 신자가 되기 전의 아우구스티누스와 가톨릭 신자로서의 아우구스티누스를 다루었다. 생애에 대한 서술에 이어 그의 사상 중에서 중요한 인식의 문제를 살펴보았다. 왜냐하면 "확실성 문제와 인간이 진리를 인식하는 것이 가능하냐는 문제는 성 아우구스티누스가 그리스도교로 개종하고 난 다음에 주로 몰두했던 문제들"[2])이기 때문이다. "인식이라는 이 엄청나고 놀라운 능력은 인간 이외에 사멸할 생물체들에게는 전혀 없는 것이다."(『신국론』 11권, 27) "그 감각에 힘입어서 나는 내가 존재한다는 것과 그것을 인식한다는 것을 확실하게 안다. 또 이 두 가지 확신을 내가 사랑하고, 내가 그것을 사랑한다는 사실을 똑같이 확신한다."(『신국론』 11권, 27) 이것은 그가 이 진술들에 앞서 언급한 것으로 요약된다. "우리는 존재하고, 우리가 존재함을 인식하며, 존재하고 인식함을 사랑한다."(『신국론』 11권, 26)

인식론에 대한 설명에 이어서 그의 작품 내용을 서술했다. 그의 많은 작품 중에서 특히 『복된 삶에 대하여De beata vita』 『참된 종교에 대하여De vera religione』 『자유의지론De libero arbitrio』을 선택했다. 『복된 삶에 대하여』에서 주로 다루어지는 문제는 그 제목이 시사하듯이 '참된 행복이란 무엇이며 그것은 어디에 있는가?'이다. 『참된 종교에 대하여』에서는 마니교에 대한 논의와 더불어 악의 문제가 다루어진다. 그는 이외에도 인간에게 주어진 특전으로서의 이성 그리고 지성의 빛등을 다루고 있다. 『자유의지론』에서는 더욱 구체적으로 악의 문제, 특히 인간의 도덕적인 악의 문제를 논의하고 있다. 인간에게 자유의지가 주어진 것은 확실한데, 그리고 하느님은 모든 것을 이미 알고 있는 분이므로 이것으로 인해 인간이 죄를 짓게 되리라는 것을 알면서도 자유의지를 주었다. 이 책에는 이 문제에 대한 아우구스티누스와 에보디우스 사이의 대화가 상세히 서술되어 있다. 이 책의 3권은 거의 아우구스티누스 자신이 묻고 대답하는 식이 되어 버렸다. 그리고 끝부분에는 자유의지의 문제와 거리가 있는 주제들이 언급되어 있으며, 조금 산만한 느낌을 주기도 한다.

자유의지를 부여받고 창조된 우리 인간은 나약한 존재들이다. 따라서 완벽한 사람은 없다. 그러나 우리는 될 수 있는 한 악을 피하고 선을 행하고자 노력하며 살아간다. 의도적으로 나쁜 일을 하는 사람은 없으며, 자신의 결점을 드러내 보이고 싶어 하는 사람도 드물다. 더욱이 자신의 결점을 많은 사람들 앞에서 시인하기 위해서는 큰 용기가 필요하다. 그것은 어떤 면에서는 크디큰 결단이다. 이런 일을 한 사람이 아우구스티누스 성인이다. 그가 가톨릭 신자로 전향한 뒤 어떤 사상을 갖고 살아갔는지 지금부터 살펴보기로 하자.

아우구스티누스의 생애

    아우구스티누스 성인은 354년 11월 13일에 그 당시 로마의 통치령이었던 북아프리카의 누미디아 키르텐시스Numidia Cirtensis 지방에 있는 타가스테Tagaste(오늘날의 알제리에 있는 수크 아라스Souk Ahras)에서 태어났다. 타가스테는 아우구스티누스가 주교로 있던 아프리카 북쪽 해안의 항구도시인 히포Hippo에서 내륙으로 80킬로미터 정도 떨어진 곳에 있다. 그는 형제 중 장남이었다. 아버지 파트리키우스Patricius는 그리스도 신자가 아니었으나 370년 사망하기 전에 그리스도 신자가 되었고, 어머니는 가톨릭에서 성녀로 추앙하는 모니카 성녀이다. 어린 시절 아우구스티누스는 어머니 모니카를 통해 그리스도교의 관습과 신자들의 경건함을 접할 수 있었다. 열여섯 살 무렵에 그는 잠깐 마다우라Madaura에서 문법과 수사학을 공부했는데, 경제적인 여건이 좋아진 371년부터 비로소 북아프리카의 대도시였던 카르타고에서 수사학 공부를 계속할 수 있었다. 그리고 그가 학생일 때 이미 여자와 동거 생활을 했는데, 이름이 알려지지 않은 이 동거녀와의 사이에 아데오다투스라는 아들을 두었다. 이 동거녀는 밀라노 시절인 385년까지 그와 같이 살았다. 열아홉 살 때 그는 키케로의 영향으로 철학에 관심을 갖게 되었다. 그는 수사학과 철학을 공부한 뒤 375년 무렵 문법과 수사학을 가르치기 위해서 타가스테로 돌아갔다. 그리고 타가스테의 부자인 로마니아누스의 도움으로 그는 자신의 능력에 적합한 곳이라고 생각한 카르타고로 돌아갈 수 있었다. 여기에서 사귄 친구들과 학생들이 『고백록』을 비롯한 그의 작품에 등장한다. 이 시기의 끝 무렵에 그가 카르타고에서 만난 사람이 마니교의 파우스투스이다. 383년 그는 로마로 가서 새로운 아카데미아 사상을 접하게 되었다. 384년에 시의 지사知事이자 황제의 대변인이며 원로원의 의장이었던 고위 관리인 심마쿠스Symmachus가 아우구스티누스의 능력을 알아보고 그 당시 콘스탄티노플과 트리어와 더불어 황제의 수도였던 밀라노의 수사학 교사로 그를 추천했다.

이 시기부터 안정된 지위와 권위 있는 직업을 갖게 되자 아우구스티누스는 그의 신분에 어울리는 결혼을 생각하게 되었다. 그는 어머니가 승낙한 소녀와 약혼했다. 이제 동거녀와의 관계를 끊어야만 했다. "그동안 내 죄는 더 쌓여만 갔습니다.

내 결혼에 방해가 된다고 동거녀를 떼어 버렸습니다. 그녀에게 달라붙어 있던 내 마음도 찢어졌으며 상처 입었고 피 흘렸습니다. 그리고 그녀는 결코 다른 남자를 다시는 사랑하지 않으리라는 것을 하느님 당신에게 맹세하면서 그녀가 낳은 아들을 내게 남겨 놓은 채 아프리카로 되돌아갔습니다."(『고백록』 6권, 15, 25)

그러나 약혼녀가 어렸으므로 2년 동안 결혼할 수 없었기 때문에 그는 그동안 정부를 두었다. 하지만 결혼을 위한 시간이 오기 전에 종교가 그의 일부가 되었고, 그는 생의 나머지를 독신으로 살았다. 여전히 밀라노에 머물고 있던 그는 밀라노의 주교인 암브로시우스의 설교를 들었고, 이때 플라톤의 저술들도 알게 되었다. 이런 것들이 결국 아우구스티누스가 마니교에서 멀어지게 만들었다. 그는 386년 여름 휴가 이후에 교사직을 그만두고 그의 아들과 알리피우스와 함께 밀라노에서 세례를 받기로 되어 있었다.

386~387년은 아우구스티누스에게 전환점이 된 기간이다. 그는 키케로의 책에서 참된 행복은 우리 자신이 원하는 것을 하는 데 있는 것이 아니라 선한 것을 원하는 데 있다는 것을 배웠다. 이것은 덕을 구성하며 행복과 덕은 진리에 대한 탐구인 철학에서 분리될 수 없다. 그는 원하지 않았지만 391년에 히포에서 사제가 되었고, 395년에는 주교로 임명되었다. 그리고 그의 전임자인 발레리우스가 사망한 후 397년부터 히포 레기우스의 유일한 주교였다. 그는 히포가 반달족에 의해 점령

당하고 있었던 430년 8월 28일 사망했으며, 그의 무덤은 8세기 이후로 파비아Pavia에 있다.

우리에게 전해지는 그의 초기 작품들은 대화체로 씌어 있는데, 핵심 내용은 이미 아우구스티누스의 철학적 견해를 대부분 포함하고 있다. 그는 387년 부활절에 가톨릭 교회에서 세례를 받은 뒤 밀라노에서 작품을 집필하는 데 전념했다. 이때 『음악론De musica』『참된 종교에 대하여De vera religione』 그리고 『자유의지론De libero arbitrio』을 집필했다. 그의 개종은 그 자신이 언급하는 바에 따르면 인상 깊은 철학서들을 읽은 경험이거나 아니면 하나의 극적인 개종의 경험에서 유래한다. 이둘 중 어떤 경우이건 아우구스티누스는 그때까지의 인생 행로를 포기할 결심을 한다. 결국 건강상의 이유로, 그리고 철학을 더 깊이 연구하려는 의도에서 그 당시 서른 두 살이던 아우구스티누스는 어머니와 아들 그리고 몇몇 친구들 및 학생들과 함께 북이탈리아 지방인 카씨치아쿰에 있는 시골의 영지로 돌아갔다. 아우구스티누스는 아프리카에서 수도사 같은 삶을 살 생각이었으나 아프리카로 떠나기 직전인 387년 늦은 봄에 어머니가 사망했다. 그래서 이 계획은 388년에야 이루어졌다.

여기에서 그의 주요 저작들이 집필된 연대를 정리해보자. 그의 저작들은 크게 세 부류로 분리될 수 있다. 첫째, 386년과 388년 사이, 즉 그가 '전향' 직후에 집필한 작품들이 카씨치아쿰의 대화편들이다. 여기에는 386년에 완성한 『아카데미아 학파 논박』『복된 삶에 대하여』『질서론』과 386~387년에 집필한 『독백』, 387년에 집필한 『영혼불멸론』, 388년 로마에서 집필한 『영혼의 크기』 그리고 로마에서 388~389년에 집필한 『가톨릭 교회의 윤리』가 속한다. 둘째 부류에 속하는 저서들은 388~395년 사이에 아프리카에서 집필한 과도기 시대의 작품들이다. 우선 387~389년에 집필한 『음악론』, 388년 『자유의지론』 1권, 391~395년에 집필한 이 책의 2권과 3권, 388~389년의 작품인 『마니교도들에 반대하는 창세기 주해』, 389년의 작품 『교사론』, 388~396년의 작품인 『서로 다른 83개의 문제집』, 389~391년의 작품인 『참된 종교에 대하여』 등이 그것이다. 셋째 부류에 속하는 작품들은 그가 주교로 있을 때의 작품들로서 특히 그의 대표작들이다. 이 저서들은 그의 사상의 원숙함을 보여줌과 동시에 그의 사상이 총체적으로 표현된 대작들이다. 396~398년에 완성된 『고백록』, 396~397년과 426~427년에 집필한 『그리스도교 교양』, 399~419년의 작품인 『삼위일체론』, 401~414년의 작품인 『창세기 축어 주해』, 413~426년의 『신국론』, 그리고 마지막으로 426~427년에 집필한 『재론고』 등이 이 시기의 작품들이다.

사상의 여정

아우구스티누스는 키케로의 『호르텐시우스*Hortensius*』를 읽고 영향을 받아 철학이라는 항구에 들어섰다.[3] 이 책은 참된 행복은 우리가 원하는 것을 하는 데 있는 것이 아니라 선한 것을 원하는 데 있다는 것을 아우구스티누스에게 일깨워주었다. 『호르텐시우스』의 영향으로 아우구스티누스는 처음으로 성서를 대하게 되었다. 이때 그의 나이 열아홉 살이었다. 아우구스티누스는 『호르텐시우스』의 영향으로 처음으로 성서에 관심을 가졌지만, 그 책의 부족한 문학적인 특성 때문에 교육을 받은 수사학자인 그에게 불쾌감을 주었다.

'내 마음의 빛이신 당신께서는 그것을 아십니다(골로사이서, 2. 8 이하)'라는 사도의 말을 그 당시의 저는 알지 못했습니다. 그런데도 제가 키케로의 저 요구에서 오로지 나의 기쁨을 가졌던 이유는 이 철학 학파 또는 저 철학 학파가 아니라 그 진리가 무엇이건 진리 자체를 위해 진리를 추구하고 그것에 도달하고 그것을 확고하게 붙잡고 전력을 기울여 내 마음 속에 간직하도록 성서의 말씀이 저를 일깨웠고 고무시켰으며 불붙였기 때문입니다. 그러나 그리스도의 이름이 거기에 나오지 않는다는 단 한 가지가 저의 모든 열정을 식게 했습니다.(『고백록』 3권, 4, 8)

그래서 저는 성서에는 어떻게 되어 있는지 보기 위해서 성서에 전념하기로 결심했습니다. (중략) 그리고 저는 그 당시 제가 그랬듯이 성서의 비밀에 들어가려고 하지 않았고 문제에서 더 나아가려고 고개를 숙이지도 않았습니다. 왜냐하면 그 당시 저는 성서를 대했을 때, 지금 제가 그것에 대해 이야기하듯이 성서에 대해 판단하지 않았기 때문입니다. 오히려 키케로의 품위와 비교되어 성서가 들어서는 것이 제게 합당해 보이지 않았습니다. (중략) 저는 교만함으로 한껏 부풀어 있었습니다.(『고백록』 3권, 5, 9)

키케로의 영향 아래 계속 진리를 탐구하던 중 그는 마니교에 심취하게 된다. 마니교는 그리스도교의 이단적인 종파가 아니다. 마니교는 페르시아의 왕손인 마니Mani(216~277)가 창설한 종교로 4세기경에는 근동 지방에서 성행했다. 유대-그리스도교적인 요소도 갖고 있는 마니교는 아프리카에서 '예수 그리스도의 교회'로 등장했다. 마니교의 창시자인 마니는 자기 자신을 요한복음에서 선포된 위로자의 대변인이라고 생각한다. 그리스도교가 로마제국의 덕으로 서구에서 널리 퍼져 나갈 때 동방에서는 마니교가 상당한 세력을 갖고 있었다. 마니교는 14세기까지 중국에서 명맥을 유지했다. '신마니' 운동이 10세기경 불가리아제국에서 시작되어, 12세기에는 남·서 유럽 사이의 무역을 통해 북이탈리아에 전해졌을 것이다. 그러나 마니교는 곧이어 그리스도교에 의해 박해받기 시작했다. 마니교는 페르시아 왕국의 후원으로 전도에 힘을 기울일 수 있었지만 조로아스터교가 부흥기를 맞으면서 조로아스터교의 사제들이 마니교에 대해 불평하기 시작했다. 이로 인해 마니교의 지도자들이 투옥되었는데, 창시자인 마니 역시 투옥되어 277년 2월 6일 감옥에서 사망한다. 혹독한 고문이 그가 사망한 원인인 것으로 추정된다.

마니교 교리의 중심에는 이원론적인 영지주의가 있다. 다시 말해서, 마니교에서는 두 가지 원리인 선한 원리와 악한 원리를 세계의 원리로 간주한다. 마니교의 교리에 따르면 인간이 자신의 신념이나 풍습에서 익힌 기준들을 근거로 정진하면 질료에서 자유로워져 빛의 세계로 나아가고 빛을 경험하여 신자신이 될 수 있다.[4] 그러나 인간도 정진하면 신 자신이 될 수있으며, 또한 인간의 영혼과 신이라는 존재가 근본적으로 동등하다는 마니교의 교리는 유일신 사상을 지닌 그리스도교와 상충될 수밖에 없었다. 그러나 그리스도교 신자가 아니었던 아우구스티누스는 마니교의 사상에 무척 심취해서 약 9년 동안(373~382) 마니교도로 지냈다. 그러나 그는 이 동안에도 여러 방면에 걸쳐 많은 것을 섭렵했다. 그는 점성술을 공부했고, 미학에 대한 논문을 집필하기도 했다. 또한 철학 텍스트들도 연구했는데, 이 텍스트 중에는 아리스토텔레스의 『범주론』도 속한다. 그는 또한 천문학에도 흥미를 가졌다. 마침내 그는 마니교가 자신의 지적인 모든 기대를 충분히 충족시켜주지 못한다는 사실에 실망해서 결국 마니교를 떠나게 된다. 그는 마니교도이면서 학식이 뛰어나다고 소문난 밀레브의 파우스투스와의 대화가 얼마나 만족스럽지 못했는지를 『고백록』에서 다음과 같이 서술하고 있다.

그(파우스투스)는 그것들이 라틴어로 잘 구성되어 있는 한에서 키케로의 연설 몇 가지를 읽었고, 세네카의 저서는 아주 조금밖에 읽지 않았으며, 그의 종파인 마니교의 시와 책 몇 권을 읽었을 뿐이었다.(『고백록』 5권, 6, 11)

(왜냐하면) 내가 거기에서 대가大家로서의 그(파우스투스)의 면모를 믿었던 학문들에서 그가 아무것도 이해하지 못한다는 것을 내가 충분히 확신했기 때문에 나를 움직인 문제들에 대해서 그가 정보와 답변을 주리라는 희망을 점차 포기했다.(『고백록』 5권, 7, 12)

마니교를 떠난 후 아우구스티누스는 '새로운 아카데미', 즉 헬리니즘 시대의 플라톤 학원의 계승자인 새로운 아카데미의 회의주의를 받아들인다. "모든 철학자들 중에서 가장 현명한 사람들도 우리는 모든 것을 의심해야 한다고 생각했고, 우리는 참된 것을 파악할 수 없다는 명제에 동의했기 때문에 이른바 아카데미아 학파였다는 생각이 내 안에서 점차 자라났다."(『고백록』 5권, 10, 19)

그가 로마에서 접촉했던 새로운 아카데미아의 회의주의의 영향으로 그는 회의주의자들의 견해인 "유일하게 확실한 인식은 어떤 확실한 인식도 없다는 것이다"를 자신의 견해로 삼았다. 아우구스티누스의 초기 작품들은 '앎은 도달 가능하지 않다'는 아카데미아 학파의 가르침에 대해 분명한 반응을 보여주고 있다. 아우구스티누스는 스스로 자신의 회의적인 인생 단계에서의 수수께끼를 다음과 같이 서술함으로써 풀고 있다. "그러므로 사람들이 그것을 이해하듯이 아카데미아 학파의 철학자들의 방식에 따라 모든 것을 의심하면서 견해들 사이에서 왔다 갔다 하면서 나는 최소한 한 가지, 내가 마니교에서 떠나야 한다는 것을 인식했다. 왜냐하면 나의 회의주의의 기간 동안에조차도 내가 한 종파에 머물러 있는 것을 용납할 수 없는 것으로 간주했기 때문이다. 그러나 나는 그들에게서 그리스도라는 구원을 가져다주는 이름을 발견하지 못했기 때문에 내 병든 영혼의 치료를 이 철학자들에게 위임하기를 거부했다. 나는 부모님으로부터 내 마음에 놓여진 가톨릭교회에 머물기로 결심했다. 내가 내 길을 취해야 했을 확신의 빛이 내 안에서 시작될 때까지."(『고백록』 5권, 14, 25)

『복된 삶에 대하여』에서 아우구스티누스는 아카데미아 학파를 이렇게 비판한다. "자신이 원하는 것을 갖고 있지 않은 사람은 분명 행복하지 않다. 이것은 앞에서 증명되었다. 그리고 어느 누구도 그가 발견하기를 원하지 않는 것은 찾지 않는다. 그런데 아카데미아 학파의 사람들은 끊임없이 진리를 추구한다. 그들은 진리를 찾는다. 다시 말해서, 그들은 진리를 발견하려고 하지만 그것을 발견하지 못한다. 이로써 그들은 자신들이 원하는 것을 갖고 있지 않다는 것이, 또한 그들은 행복하지 않다는 결론이 나온다. 또한 어느 누구도 그가 행복하지 않다면 현명하지도 않다. 그러므로 아카데미아 학파의 사람들은 어느 누구도 현명하지 않다."(13~14절 참조) 그런데 아우구스티누스의 측근 중의 한 사람인 알리피우스Alypius는 아카데미아 학파의 옹호자였다. 알리피우스는 타가스테 출신으로 아우구스티누스와 고향이 같고, 아우구스티누스의 어렸을 때 친구이자 그의 학생이기도 했다. 384년 아우구스티누스가 동거녀와 아들과 함께 밀라노로 갔을 때 알리피우스도 동행했는데, 이때 그는 이미 법학 공부를 마치고 카르타고와 로마에서 변호사 일을 맡을 준비를 하고 있었다. 그는 『아카데미아 학파 논박』에서 아우구스티누스의 대화 상대자였지만 급한 업무 때문에 대화의 초반에 카씨치아쿰을 떠나야 했다. 그는 『아카데미아 학파 논박』의 둘째와 셋째 책에서 아카데미아 학파의 옹호자였다.

자신이 그것을 소유하려고 열망하는 그렇게 높은 정신의 선(bonum animi)을 소유하지 않은 사람은 행복할 수 없다. 아우구스티누스에 따르면 아카데미아 학파의 사람들은 진리를 찾으려고 하지 않는다. 그리고 행복하지 않은 사람도 현명할 수 있다는 주장들은 불합리한 견해들이다.

아우구스티누스는 가톨릭 신자가 되기 전까지 마니교와 아카데미아 학파의 회의주의에 이르기까지 자신의 사유와 삶에 대해 깊은 사색과 경험을 했다. 그리고 결국 그는 어떤 기적과도 같은 방식으로, 마음이 바뀌어 가톨릭 신자가 된다. 우리가 그의 『고백록』에서 잘 알 수 있듯이 아우구스티누스의 어머니는 평생을 아들이 가톨릭 신자가 되기를 눈물로 기도했던 사람이다. 그러므로 아들 아우구스티누스가 가톨릭 신자가 되었을 때가 그녀의 생애에서 가장 희열에 넘친 순간이었을지 모른다. 우리는 죽음을 맞이한 침상에서 그녀가 한 말에서 이것을 추측할 수 있다.

'내가 조금이라도 더 살고 싶어 했던 것은 오직 단 하나 내가 죽기 전에 네가 가톨릭 신자가 되는 것을 보고 싶어 했기 때문이다. 내 하느님은 너를 그의 종으로서 볼 수 있게 해주셨다. (중략) 이제 내가 이 지상에서 할 일이 무엇인가.' 이 말에 어떻게 대답했는지 난 기억이 없다. 이 일이 있은 지 5일 또는 5일 이상 어머니는 열에 들떠 침대에 누워 계셨다. 잠시 의식을 잃었다가 깨어나신 후 어머니는 '내가 어디에 있었던가?' 하신 후 '나를 이곳에 매장하거라' 하셨다. 나는 침묵했고 눈물을 흘리지 않으려고 애썼다.

아우구스티누스의 동생은 어머니를 고향에 매장하고 싶어 했다. 그러나 모니카 성녀는 이에 대해 이렇게 대답한다.

이 육신을 어디에 매장하건 하느님은 너희들에게 어떤 걱정도 끼치지 않을 것이다. 내가 너희들에게 부탁하는 오직 한 가지는 너희들이 어디에 있건 주님의 제단에서 나를 기억하라는 것이다.(『고백록』 9권, 10, 26 이하)

아버지와 형제들에 대한 언급은 거의 찾아보기 힘든 반면 그는 어머니에게 강한 애착을 보였다. 자신을 위한 어머니 모니카의 평생에 걸친 기도와 어머니의 죽음을 맞았을 때의 심경을 『고백록』에서 아주 생생하게 표현했다:

나는 어머니의 눈을 감겨드렸고, 내 마음 깊은 곳에서 엄청난 슬픔(고통)이 흘러나와 눈물이 넘쳤다.(9권, 12, 29)

나의 큰 위로자인 어머니가 나를 혼자 버려두었기 때문에 내 삶과 어머니의 삶에서 하나가 되어버렸던 삶이 갈가리 찢어졌듯이 내 영혼은 상처받았다.(9권, 12, 30)

신학적이고 철학적인 주제

악의 문제

아우구스티누스의 사상에서 죄의 의미

내 마음을 보소서, 오 주여! 심연의 바닥에 있는, 당신이 불쌍히 여기는 내 마음을 보소서. 이제 내 마음이 그곳에서 무엇을 찾고 있었는지 내 마음이 당신에게 말해야 하는 것을 보소서. 저는 악한 행동에 대한 어떤 유혹도 없이 악한 행동 자체를 가지고 아무 근거도 없이 사악했습니다. 그것은 비열했지만 저는 그것을 사랑했습니다. 저는 타락하기를 좋아했고, 제 자신의 죄를 사랑했습니다. 제가 죄에 내맡긴 것이 아니라, 죄 그 자체를 사랑했습니다. 당신의 현전인 창공으로부터 완전한 무로 떨어진 불결한 영혼이여! 왜냐하면 그 영혼은 파렴치한 어떤 것을 찾은 것이 아니라, 수치심 자체를 찾았기 때문입니다.(『고백록』 2권, 4, 9)

철학사를 통해 가장 많이 제기되는 철학적 물음 중의 하나는 악에 대한 것이다. 이 물음은 플라톤과 아리스토텔레스, 그리고 플로티노스를 거쳐 교부 시대 이후로는 전능한 창조자에 대한 물음의 맥락에서 제기되기에 이르렀다. 이렇게 창조자의 전능함과 인간 세상의 악에 대한 물음이 연관됨으로써 답하기 어려운 물음이 생겨났다. 특히 우리 인간이 악하게 행동할 수 있다는 점에서, 악의 문제는 우리 자신과도 특별한 관계를 맺고 있다.

악의 문제에 대한 철학자와 신학자들의 이론을 모두 열거하는 것은 쉽지 않다. 또한 그것이 이 연구의 목적도 아니다. 교부 시대의 많은 사상가들이 이 세상에 존재하는 악과 그것의 원인에 대해서 언급하고 있는 것은 어쩌면 당연한 일인지도 모른다. 보에티우스는 이미 그의 탁월한 저술이라 일컬어지는 『철학의 위안』에서 이렇게 말하고 있다:

사람이 악한 마음을 갖게 되는 것은 아마 우리 인간의 천성에서 기인하는 결함 때문이겠지만 (중략) 그래서 당신의 친근자親近者 중 한 사람이 '만일 신이 존재한다면 악은 어디서 오는 것이며 신이 존재하지 않는다면 선은 어디서 오

는 것이냐?'고 한 것은 지당한 말이었습니다.[5]

아우구스티누스는 신플라톤주의의 영향으로 비물질적인 존재의 개념을 쉽게 받아들일 수 있었다. 그 외에 또 악을 어떤 적극적인 것으로 보기보다는 오히려 결핍으로 보는 플로티노스의 생각은 마니교적인 이원론에 의지하지 않고서도 어떻게 악의 문제에 접근할 수 있는지를 그에게 보여주었다.

도덕적으로 악인 죄도 결여에 불과하다. 따라서 그것이 행위의 적극적인 원인이 아니라 결함적인 원인일 뿐이라는 것을 강조하지 않으면 안 된다. 죄악은 자유가 있을 때만 문제가 되기에 스스로 결정하는 자유를 갖고 있지 않은 존재자가 어쩔 수 없이 죄를 범하지 않을 수 없었다는 것은 생각할 수 없다. "아무도 악한 자유의지의 작용인을 찾아서는 안 된다. 거기에는 작용인이 존재하지 않고 결함인이 존재한다. 그것이 작용이 아니고 결함이기 때문이다. 최고로 존재하는 자로부터 그보다 더 못하게 존재하는 사물로 떨어져 나가는 것, 바로 그것으로부터 (인간은) 악한 의지를 갖기 시작한다."(『신국론』12권, 7) 의지에 의하지 않으면 결코 죄가 되지 않을 만큼 죄는 의지에 의한 악이다. 따라서 죄라는 것은, 그것이 없다고 말하지 못하는 한, 의지에 의해서 범하게 된다고 인정할 수밖에 없을 것이다. "죄라는 것은 고의적인 악이기 때문에, 고의적이 아닌 것은 결코 죄가 되지 않는다. (중략) 만약 의지로 악을 행하는 것이 아니라면, 질책이나 경고는 성립되지 않는다.(『참된 종교에 대하여』, XIV 27) 아우구스티누스는 우리가 죄를 짓는 것은 의심할 여지가 없으므로 우리가 자유의지를 갖고 있다는 것도 의심할 여지가 없다고 한다.

아우구스티누스가 볼 때 분명 자유 없이는 죄가 있을 수 없다. 아우구스티누스의 사상을 언급할 때 우리가 이 맥락에서 꼭 짚고 넘어가야 할 개념이 있다. 그것은 '교만함'이라는 개념이다. 아우구스티누스는 교만함이야말로 인간이 저지르는 잘못 가운데 가장 큰 잘못이라고 적고 있다. "아우구스티누스에게 교만은 악의 뿌리이며 동시에 자아를 신과 분리해 도덕적인 자기완성을 주장하게 하며, 종교적 우월감과 정치적 지배욕으로 나타난다. 교만은 극복해야 할 가장 근본적인 장애물이었다."[6] 인간에게 의지의 자유가 없다면 자유를 악용할 기회도 없을 것이다. 그런데 예를 들어, 예전에 농노나 노예들은 사실 하나의 인격체로 간주되지 않았고 따라서 행위의 자유도 갖지 못했다. 자기 행위를 스스로 결정할 수 없던 그들은 '자신의 행위의 자유를 갖고 있지 못했던' 사람들이다.

악이 존재한다는 것은 창조자의 능력의 한계인가?

우리가 이 세상에서 좋은 것만을 경험한다면 우리는 이 세상의 선한 창조자에 대한 인식에 이르게 되어 이 인식을 의심하지 않을 것이다. 하지만 우리가 경험하는 세계는 너무나 복잡해서 실제로 우리는 이 세상에서 좋지 않은 일들을 자주 경험하고 있다. 자연물의 목적성에 반대되는 것으로 보이는 현상들, 특히 인간의 고통과 죽음 같은 것들은 우리로 하여금 이 세상에 존재하는 악(결핍)에 대한 의문을 제기하게 만드는 것이 사실이다. 따라서 악의 문제는 두 가지 관점에서 고찰될 수 있다. 그것은 첫째, '존재는 선이다'라는 관점이다. 우리는 이 세상의 창조주가 세상에 자신의 선함을 나누어주었다고 생각한다. 따라서 이 세상에 존재하는 것은 그것이 존재하는 한 선하다. 더욱이 토마스 성인의 주장에 따르면 존재와 선은 교환될 수 있다. 둘째, 이 세상에 악이 존재한다는 것으로부터는 전능하고 선한 창조자에 대한 의문이 제기될 수 있다.

악의 문제가 제기될 때는 창조자의 의도나 능력에 관한 물음이 항상 뒤따른다. 이것에 대해 '에피쿠로스의 딜레마'라는 것이 있는데, 이 딜레마의 내용은 다음과 같다. '창조자는 악이 없도록 할 수 있는가 혹은 할 수 없는가, 이 둘 중의 어느 하나여야 한다. 그런데 할 수 있는데도 하지 않았다면 선한 창조자가 아닐 것이고, 할 수 없어서 하지 않았다면 전능한 창조자가 아닐 것이다. 그러므로 악의 존재를 허락하는 창조자는 참다운 창조자가 아니다.' 이 같은 주장은 다음과 같은 문제점이 있다. 이 딜레마는 전능한 선의 창조자와 우리가 경험하는 악은 절대로 양립할 수 없다는 것을 전제로 하고 있는데, 그것은 결코 자명한 것이 아니다.

전능한 창조자는 자신의 의지를 실현하는 데 어떤 제한도 받지 않는다. 여기에서 제한이란 실현 가능한 것과 관계있다. 즉, 모순된 것이나 부조리한 것을 만들어내지 않는다는 의미에서, 또는 만들지 못한다는 의미에서 우리는 어떤 존재자가 능력이 없다고 말할 수는 없다. 하느님의 전능을 자주 의심하게 된 것은 악이 없는 세계를 창조자가 어째서 만들 수 없는가 하는 문제와 관계된다. 예를 들어, 라이프니츠가 이 세상에 존재하는 악을 설명하는 방법은 두 가지로 나눌 수 있다: 첫째, 우주가 사실상 불완전하다는 것을 인정하면서도 그것의 불완전성은 유일한 완전자인 신과 그것 사이의 차별성을 보존하기 위해서 논리적으로 필요하다는 사실을 지적하는 것이다. 둘째, 우주가 비록 완전하지 않더라도 최상의 가능한 것이라고 간주하는 것이다. 따라서 그것이 창조자 자신의 완전성에 미치지 못하더라도 현 세계는 있을 수 있는 세계 가운데에서 최선의 세계이며, 그렇기 때문에 하느님은 이 세계를 선택했다고 하는 것이다.

여기에서 우리는 다음과 같은 비유를 들 수 있다. 만약 우리가 눈앞의 장미와 백합을 보고 있다면, 누군가는 장미를 더 좋아할 수 있고 누군가는 백합을 더 좋아할 수 있다. 왜냐하면 백합은 백합대로 장미는 장미대로 고유한 아름다움을 지니고 있기 때문이다. 문제는 이 둘 중에서 어떤 하나를 선택하는 사람의 판단과 관계가 있으며, 이때 우리의 선택은 특정한 아름다움을 갖는 하나를 선택하는 것이지, 질적인 차이에 근거하는 것은 아니다. 각각의 것은 고유한 장점을 지니고 있어서 이것의 장점은 저것의 장점과 다를 수 있다. 예를 들어, 누군가가 많은 꽃들 가운데 가시가 있는 장미를 선택하는 것은 장미가 모든 꽃들 가운데에서 가장 아름다운 꽃이어서가 아니라, 장미가 갖는 고유의 아름다움을 좋아하기 때문이다. 마찬가지로 구체적인 이 세계를 창조한 하느님은 이 세계의 고유한 장점을 자유로이 원했던 것이다. 이 장점은 이 세계에서만 찾아볼 수 있는 것이다. 고유한 장점을 지닌 특정한 이 세계가 최선의 세계는 아닐지라도 이치에 맞는 선택의 대상이 될 수 있다는 것을 우리는 방금 든 예에서 유비적으로 결론 내릴 수 있다.

악의 원인은 있는가?

지금까지 우리는 죄와 도덕적인 결함, 그리고 이 세상의 창조자의 전능함 등에 대해 개략적으로 살펴보았다. 그렇다면 악이 실제로 존재한다는 것을 우리가 가정할 때, 악의 원인이 있을 수 있는가 하는 것과 악의 원인이 있다면 그것은 대체 어떤 것인가를 질문할 수 있다. 악의 근원에 대한 물음은 두 가지 상반되는 모습을 드러낸다. 첫째, 악이 창조자에 반대하는 힘의 원리라면 신의 능력은 제한된 것처럼 보인다.[7] 둘째, 이와 반대로 신이 실재의 창조자라면 악은 그 이름에 따라서만 존재하는 현상처럼 보인다.

아우구스티누스는 그것을 결여라고 간주하면서, "그것이 선의 결여가 아니라면 악이라고 부르는 것은 무엇인가?"라고 묻는다. "이 창조 안에, 다시 말해서 삼위일체에 의해 창조된 이 세상 안에 이른바 악이 들어와 있고 자기에게 주어진 자리를 갖고 있다. 우리가 선을 악과 비교할 때 선을 더 마음에 들어 하고 선이 더 가치 있게 되도록 악은 선을 특별한 방식으로 강조하는 데 기여한다. 비신자 또한 인정하듯이 그것이 최고의 선이기 때문에 모든 사물을 최고로 지배하는 전지전능한 하느님은 악에서 선을 창조해낼 수 있을 만큼 전지전능하고 선하지 않다면, 자신의 작품 안에서 어떤 나쁜 것도 참을 수 없을 것이다. 우리가 악이라고 부르는 것이 선의 결여가 아니라면 무엇인가?"(『믿음, 희망, 사랑에 대한 소책자 *Enchiridion*』 3권, 11 이하) 그에게 존재자는 그것이 부패하고 또 부패할 수 있다고 해도 항상 선한 것이다. 비록 그가 모든 것은 그것이 존재하는 한 선하다고 말하기는 했지만 그는 이 세상에 악이 있다는 것을 결코 부정하지 않았다. 악은 부패되는 또는 결여적인 선에 붙어 있다. 또한 악은 선이 없다면 결코 악일 수 없다.8)

악의 문제는 아우구스티누스 철학의 주요 동인 중의 하나이다. 아우구스티누스는 악의 문제와 관련해서 첫째, '악이 어디에서 오는가'를 묻고 있다. 다시 말해서, 선한 창조자가 창조한 이 세상에 악이 어떻게 자리 잡을 수 있는가 하는 것이 그에게 중요한 물음이다. "그리고 저는 악이 어디에서 오는가를 계속해서 물었지만 이 혼란에서 빠져나올 길은 보이지 않았습니다."(『고백록』 7권, 7, 11)

악의 문제에 대해 특히 아우구스티누스는 결핍 이론으로 설명한다. 결여는 어떤 것의 부족함으로 설명될 수 있다. 예를 들면, 어리석음은 지혜의 부족함이고 어두움은 빛의 부족함이며, 벌거벗은 상태는 옷의 부족함이다. 우리가 이 예들에서 알 수 있듯이, 부족함이란 표현은 언제나 특정하고 상대적인 결여를 말하는 것이지 순수한 부정을 말하는 것은 아니다. 이에 상응하여 아우구스티누스는 『자유의지론』 이래로 악으로 향하는 의지의 결정을 무(nihil)로의 전환으로 해석한다. 이 책의 2권, 54에서 아우구스티누스는 그의 대화 상대자인 에보디우스가 자신에게 "저 움직임(의지가 변하지 않는 선, 즉 하느님으로부터 변하는 선으로 돌아서는 것)이 (중략) 어디에서 유래하는가?"라고 물을지도 모른다고 언급한 뒤 "그런 질문을 제기하는 그대에게 내가 '모르겠다'고 답한다면 매우 섭섭하겠지만" 그는 그것이 무(nihil)이며 무인 것은 알 수 없다고 한다.(『자유의지론』 2권, 20 참조) 무는 결코 불합리한 개념이 아니다. 우주의 질서는 가장 높은 것에서부터 가장 낮은 것에 이르기까지 적합한 단계로 내려오며 또한 모든 사물은 나름대로의 고유한 완전성을 갖고 있다. 그리고 이 질서에 따라 무가 존재해야 하는 것은 당연한 결론이다.(『자유의지론』 3권, 24 참조) 창조의 근원적인 물질인 질료는 거의 무에 가까운, 형상이 없는 어떤 것이라고 한다. 질료는 거의 무에 가까운 것이지 완전한 무는 아니다. 우리는 존재하지 않는 것을 알 수도 없고 그것에 대해 진술할 수 없으며, 이런 이유로 악의 근원은 더 상세히 진술할 수 없다. 이런 해결책은 아우구스티누스의 후기 작품에 이르기까지 타당한 것으로 남아 있었다. 심지어 『신국론』에서도 존재하지 않는 것은 신과 단순히 마주해 있을 수 없다는 것이 강조된다. "그리고 최고로 존재하는 자연본성(존재하는 모든 것은 그가 창조함으로써 존재한다)에 상반되는 자연본성은 존재하지 않는다. (중략) 존재하는 것에 상반되는 것은 비존재이다. 그러므로 하느님, 다시 말해 최고 존재에게는 그리고 모든 존재들의 창조자에게는 어떤 존재도 반대되지 않는다."(『신국론』 12권, 2)

인식론

만일 내가 속고 있다면 나는 존재한다

아우구스티누스의 인식론은 우선 아카데미아 학파의 회의주의에 대한 반론에서 뚜렷하게 나타난다. 특히 데카르트가 말한 "나는 생각한다, 그러므로 나는 존재한다"는 아우구스티누스가 이미 유사한 형태로 언급했다는 것을 우리는 알 수 있다. 아우구스티누스는 "만일 내가 속고 있다면 나는 존재한다(Si enim fallor, sum)"라고 말하고 있기 때문이다.[9] 아우구스티누스는 『신국론』에서 존재–인식–사랑의 도식에 따라 이렇게 설명한다.

우리는 존재하고, 우리가 존재함을 인식하며, 존재하고 인식함을 사랑한다. (중략) 그렇지만 내가 존재하고 내가 인식하고 또 그것을 사랑한다는 것은 나에게 더없이 확실하며, 어떠한 상상이나 표상의 모형에 의해 우롱당하는 일이 없다. 이런 진리 앞에서 아카데미아 학파의 논리, '만일 그대가 속는다면 어떻게 할 것인가?'라고 묻는 사람들의 논리는 아무 소용이 없다. 내가 속는다면 나는 존재한다. 존재하지 않는 자는 속을 수도 없기 때문이다. (중략) 그러므로 내가 속는다면, 나는 존재하는 것이다. 내가 속을 때에 내가 존재한다는 것이 확실한데, 내가 존재한다고 가정하면서 어떻게 내가 속을 수 있겠는가? 만일 내가 속는다면 비록 속더라도 나는 존재하는데, 내가 존재한다는 사실을 아는 지식에는 내가 속지 않는다는 것은 의심할 여지가 없다. 그러므로 결론적으로 내가 인식함을 내가 안다는 그 점에서 나는 속지 않는다. 내가 존재한다는 것을 내가 아는 것과 같이 내가 안다는 것을 나는 안다.(『신국론』 11권, 26)

그 감각에 힘입어서 나는 내가 존재한다는 것과 그것을 인식한다는 것을 확실하게 안다. 또 이 두 가지 확신을 내가 사랑하고, 내가 그것을 사랑한다는 사실을 똑같이 확신한다.(『신국론』 11권, 27)

그는 또한 『자유의지론』에서 인간에게는 그 자신이 존재한다는 것이 분명하며, 이 사실은 만일 인간이 살아 있지 않다면 분명하지 않을 것이고, 또 분명할 수도 없을 것이라고 지적하고 있다.(『자유의지론』 2권, 7) 위의 인용문에서 분명히 알 수 있듯이, 인간은 자신이 존재하고 있다는 사실 혹은 자신이 살고 있다는 사실을 알고 있다는 것도 분명하다. 따라서 인간은 세 가지의 사실, 즉 자신이 존재한다는 것, 자신이 살고 있다는 것, 그리고 자신이 인식하고 있다는 것을 확신하고 있다.[10] "우리는 존재하고 있으며, 우리는 존재하고 있다는 사실을 알고 있고, 또 우리는 이 사실과 이 사실에 대한 인식을 사랑하고 있다. 내가 방금 열거한 이 세 가지의 것에 대해서는 우리를 속일지 모른다는 불안이 생기지 않는다. 왜냐하면 우리는 외적인 대상의 경우처럼 신체상의 감각에 의해서 그 세 가지에 이르지 않기 때문이다."[11] 비록 감각의 대상인 물질적인 것이 본질적으로 변할 수 있어서 하느님을 드러내는 데는 영혼보다 훨씬 적절하지 못할지라도, 또 감각적인 것에 집중함으로써 더 나쁜 오류가 생길지라도 우리 인식의 대부분은 감각에 의존하고 있다. 또한 아우구스티누스는 감각의 대상에 대해서 순전히 회의적인 태도를 취할 의도는 조금도 갖고 있지 않았다. 우리가 때때로 감각 대상에 대해서 속고 있다는 사실이 철저한 회의론의 근거가 되지는 않는다. 요컨대 아우구스티누스는 "만일 내가 속고 있다면, 나는 존재한다"는 말에 의해서 데카르트의 생각을 앞지르고 있었을지라도 그는 외부 세계가 실제로 존재하느냐 존재하지 않느냐를 문제 삼지는 않았다.

아우구스티누스가 여기에서 말하고 있는 것은 사물이 감각에 드러나는 그대로 객관적으로 존재한다는 판단에서 우리는 기만당하고 있을지 모르나, 감각 그 자체는 결코 거짓말을 하거나 속이지 않는다는 것이다. 왜냐하면 사물은 지각하는 사람에게 사물 자체의 형상만을 제시하기 때문이며, 우리의 감각은 자기가 받은 인상 이외에는 아무 것도 진술할 수 없기 때문이다. 인식하는 주체는 외부에 있는 인식 대상을 자기 안에 받아들이고 그것을 자신의 고유한 내면성의 정도에 따라 내면화한다. 인식된 것은 오직 인식하는 자의 방식에 따라서만, 즉 인간 의식의 본성에 따라서만 인식하는 자와의 내적인 관계를 맺는다. 인식의 양태는 인식 주체의 본성의 양태를 따른다. 인간은 인식 안에서 사물의 존재 내용을 알게 되며, 이로써 감각은 인식하는 의식과 외부 세계 사이의 중재자로 작용한다. 누군가가 극단적인 회의주의자라고 하더라도 그는 그 자신이 의심하고 있다는 사실만은 알고 있다. 따라서 그는 그가 의심하고 있다는 사실만은 의심할 수 없다. 즉, 그는 이것을 확신하고 있다. 따라서 누구든 적어도 하나의 진리만은 알고 있다.[12] 또한 인간이 의심하고 있다는 사실 자체가 그가 존재하고 있다는 것을 보여주고 있다. 만일 그가 존재하지 않는다면 그는 의심조차 할 수 없기 때문이다.

하느님에 의한 조명

보나벤투라와 토마스 아퀴나스에서와 마찬가지로 아우구스티누스에게도 인식의 하위 단계는 감각에 의존하는 감각 인식이다. 아우구스티누스도 플라톤과 마찬가지로 참다운 인식의 대상은 불변한다고 생각했고, 따라서 이런 사유에서는 변하는 대상에 대한 인식은 참다운 인식이 아니라는 분명한 결론이 나온다. 그렇기 때문에 변화하는 것의 영역에만 집중하는 사람은 불변하는 것의 영역을 경시하지만, 사실 인식의 본래 의미에서는 불변하는 것의 영역이야말로 인간 영혼에 상응하는 대상이다. 불변의 진리는 태양에 의해서 조명되듯이 조명되지 않으면 알려질 수 없는데, 정신을 조명하는 빛은 하느님으로부터 온다. 빛에 대한 이 학설에서 아우구스티누스는 플라톤이 선의 이데아를 태양에 비교하고 있는 것에까지 소급하는 신플라톤주의적인 주제, 즉 하위의 지적 대상 또는 이데아를 비추는 선의 이데아를 이용하고 있다.

하느님은 인간 정신을 이성적이고 지적으로 창조했고, 이에 따라서 정신은 하느님의 빛을 이해할 수 있다. 또한 하느님은 스스로 정신을 조명하기에 우리는 진리에 의해서 드러나 있는 것만이 아니라 진리 그 자체마저도 정신의 눈으로 파악할 수 있다. 아우구스티누스에 따르면, 정신에 대한 하느님의 조명 활동은 시각에 대한 태양 빛의 역할과 비슷하다. 인식론과 관계해서 아우구스티누스가 문제로 삼았던 것은 우리들이 지니고 있는 개념의 내용에 관한 것이 아니라 '확실성의 문제'라는 것을 우리는 기억해야 한다. 우리가 예컨대 말(馬)이라는 대상의 개념을 감각에 의해 얻고, 영혼과 같은 비물질적인 대상의 개념을 자기의식과 해석을 통해서 얻게 되는 반면, 이들 대상에 관한 우리의 확실한 판단은 '조명'에 의해 이루어진다.

경험적인 진리 개념을 순수하게 정신적인 영역으로 전이하는 것은 아우구스티누스에게 두 가지 의미가 있다. 한편으로 감각적인 지각은 정신적인 이해에 엄밀히 마주하고 있기는 하지만, 또 한편으로 이 두 가지는 구조에 따라 볼 때 평행을 이루고 있다. 감각적이고 정신적인 두 가지 인식 형태는 '보다'라는 동사로 대체될 수 있다. 감각적인 것의 영역에서 우리는 사물이 실제로 있는 것을 '본다.' 순수하게 정신적으로 파악되는 것의 영역에서 우리는 진술된 것이 실제로 참인지를 '통찰한다.' 아우구스티누스는 다음과 같은 유비를 이것에 결합한다. 우리는 우리가 보는 하나의 대상에 주목하며, 이것이 우리에게 드러나는 대로 실제로 존재하는가를 묻는다. 존재하는 사물을 우리의 눈으로 보기 위해서 우리는 제삼자를, 즉 사물을 비추는 빛을 필요로 한다. 이 빛 안에서 사물은 그것이 있는 그대로 우리에게 드러난다. 이 구조를 우리는 정신적인 인식의 영역으로 옮겨 놓을 수 있다. 정신적으로 파악될 수 있는 것은 그것이 정신적인 빛에서 우리에게 드러날 때에만 그것이 어떤 것인지 제시될 수 있다. 진리의 비물질적인 빛은 참된 것과 선한 것을, 즉 진리와 선을 그것이 있는 그대로 우리에게 제시한다. 이렇게 우리는 진리의 빛(lux veritatis)에 의해 비추어진다.

지금까지 언급된 것을 요약하며 우리는 결론적으로 다음과 같은 질문을 던질 수 있다: 진리의 표시 또는 진리의 판단은 무엇인가? 이에 대한 답은 조명설에서 찾을 수 있다. 아우구스티누스는 『삼위일체론』의 12권 (15, 24)에서 플라톤의 회상설을 신에 의한 조명설로 대체한다.[13] 조명설은 신이 '예지적인 빛'으로 '예지적인 정신'을 끊임없이 비춘다는 뜻이다. 이 이론의 근거는 로고스에 대한 사색이다. '말씀'이라는 창조적으로 빛나는 '말함' 안에서 영원한 '지혜'의 광채가 비춰진다.[14] 지혜의 빛나는 '말함' 안에서는 인간 자신의 인격적인 중심이 만나는데, 이 중심에는 오직 빛나는 말함의 근원으로 자유롭게 무조건 향하는 것이, 즉 전향이 상응한다. 전향은 근원을 고백하는 정신의 관계에서 근원 자체로 향하는 가운데, 즉 빛으로 돌아가는 가운데 완성된다.[15] 아우구스티누스에 따르면 우리가 영원한 진리에 대한 인식을 얻게 되는 것은 확실히 경험으로부터이다. 우리는 이런 인식을 단순히 감각 경험으로부터 얻을 수는 없다. 왜냐하면 물질적인 대상은 우연적이고 가변적이며 일시적이기 때문이다. 또한 우리의 정신 역시 이와 같기 때문에 우리는 진리를 우리의 정신으로부터도 끌어낼 수 없다. 따라서 유일하게 불변하는 영원한 진리는 불변하는 영원한 존재인 하느님의 작용 아래에서만 우리에게 알려질 수 있다.

하느님의 의지와 인간의 의지

아우구스티누스가 『신국론』이라는 작품을 썼다는 이유만으로 그를 정치 철학의 고전적인 이론가라고 간주하는 것은 설득력이 없다. 아우구스티누스는 어떤 신정神政 체제를 요구한 것도 아니다. 또한 그리스도교의 의미에서 하늘의 예루살렘을 의미하는 것도 아니다. 'Civitas'라는 말은 많은 것을 의미할 수 있다. 이 낱말은 '국민들의 공동체'를 의미할 수 있고, 이 공동체의 장소인 '도시'를 의미할 수 있고, 이 도시의 '국가 형태'를 의미할 수 있고, 개인의 '시민으로서의 위상' 등을 의미할 수 있다. 아우구스티누스는 이 낱말로 무엇보다도 신약에서 그리스도가 지상에 등장하는 것과 더불어 시작되는, 그리고 시간의 종말에서 완성되는 성서적인 하느님 나라를 설명했다. (『신국론』 20권, 9 참조) 아우구스티누스는 'Civitas'라는 개념의 사용에 대한 출처로 시편의 부분을 말하고 있다.(『신국론』 11권, 1.) 그렇다고 그의 『신국론』이 국가 이론을 다룬 고전서가 아니라는 것은 아니다. 우리는 중세의 정치 이론이 바로 아우구스티누스의 영향을 상당히 많이 받았다는 것을 인정해야 한다. 그의 작품이 영향력을 갖는 이유는 국가 철학적인 일련의 문제들을 다루고 있기 때문이다. 예를 들면, 국가의 구성 요소인 정당함에 대한 물음, 평화에 대한 물음, 자연법 사상, 각 국민들 사이의 관계, 이상적인 지배자에 대한 물음 그리고 국민들의 '정치적인 참여'에 대한 물음 등을 다루고 있기 때문이다.

아우구스티누스가 『신국론』을 쓰게 된 직접적인 동기는 서고트족이 로마를 정복하고 약탈한 사건이다. 이것은 로마인들의 자의식에 깊은 상처를 주었다. 로마의 몰락은 아우구스티누스에게 그리스도교와 로마성의 관계를 근본적으로 규정하는 동기를 제공했다. 이런 관계 규정에 한몫을 하는 것이 천상의 왕국과 지상의 왕국이라는 개념 쌍이다. 아우구스티누스는 이로써 교회와 국가라는 대립 명제를 생각했다. 그는 여기에서 두 개의 완전히 다른 윤리적 태도를 주목한다. 천상의 공동체는 신의 사랑으로 구성되어 있고, 지상의 공동체는 잘못 이해된 자기애自己愛로 구성되어 있다. "두 가지 종류의 사랑이 두 도성을 이루었다. 하느님을 멸시하는 데까지 이르는 자기 사랑이 지상 도성을 만들었고, 자기를 멸시하는데 까지 이르는 하느님 사랑이 천상 도성을 만들었다."(『신국론』 14권, 28 참조) 자기애의 전형적인 예는 악마와 타락한 천사다.

아우구스티누스는 국가의 기본을 이루는 중요한 요소로 정의를 꼽는다. 그는 지상의 국가는 협약에 의한 기반을 갖고 있다고 본다. "정의가 없는 왕국이란 거대한 강도떼가 아니고 무엇인가? 강도떼도 나름대로는 작은 왕국이 아닌가? 강도떼도 사람들로 구성되어 있다. 그 집단도 두목 한 사람의 지배를 받고, 공동체의 규약으로 조직되며, 약탈물은 일정한 원칙에 따라 분배된다. 만약 어느 악당이 무뢰한들을 모아 거대한 무리를 이루어서 일정한 지역을 확보하고 거주지를 정하거나, 도성을 장악하고 국민을 굴복시킬 지경이 된다면 아주 간편하게 왕국이라는 이름을 얻게 된다. 그런 집단은 야욕을 억제해서가 아니라 야욕을 부리고서도 아무런 징벌을 받지 않는다는 사실만으로도 당당하게 왕국이라는 명칭과 실체를 얻는 것이다. 알렉산더 대왕의 손에 사로잡힌 어느 해적과 대왕의 문답에서 우리는 이런 사실을 확인할 수 있다. 대왕이 무슨 생각으로 바다에서 남을 괴롭히는 짓을 하고 다니느냐고 그 해적을 문초하자, 해적은 대왕에게 거침없이 이렇게 대꾸했다고 한다. "그것은 폐하께서 전 세계를 괴롭히시는 생각과 똑같습니다. 단지 저는 작은 배 한 척으로 그 일을 하는 까닭에 해적이라 불리고, 폐하는 대 함대를 거느리고 다니면서 그 일을 하는 까닭에 황제라고 불리는 점이 다를 뿐입니다."(『신국론』 4권, 4 참조)

아우구스티누스는 요한복음의 서두에 따라 그리스도를 '지혜'라고 이해했으므로 철학이 그리스도에 대한 사랑을 의미한다고 결론 내릴 수 있었다. 아우구스티누스는 그의 저서 『삼위일체론』의 1~4권에서 성서에서 삼위일체에 해당하는 부분들을 통찰하고 정렬하며, 5~7권에서는 삼위일체에 대한 철학적인 개념을 제시한다. 이 책의 9권에서 그는 자신을 사랑하는 정신의 사랑을 자기의식의 조건으로 이해한다. 자기의식은 정신과 정신의 자기 사랑에서 나온다. 정신, 사랑 그리고 자기의식, 이 세 가지는 각각 독립적인 요소들이지만 그럼에도 직접적으로 그리고 필연적으로 함께 속한다. 존재, 앎 그리고 의욕함(esse, nosse, velle)을 아우구스티누스는 『고백록』 13권에서도 언급하고 있다. 더욱이 『삼위일체론』의 9권에서 자기이해는 신적인 말씀에 대한 이론과 결합되어 있다. 여기에서부터 10권에 등장하는 개념의 세 쌍이 생기게 되는데, 이 요소들은 기억, 통찰 그리고 의지이다. 이때 자기이해의 행위는 다음과 같이 구상되어 있다. '나는 실제로 나를 파악할 수 있기 위해서 최소한 이미 나를 알고 있어야 한다. 아직 현실화되지 않은 앎이 전제 조건으로 실제적인 이해를 앞서 간다. 이렇게 드러나지 않은, 이미 알고 있는 앎이 기억이다. 자기의식은 함축적인 앎의 실현이다. 통찰을 실제로 선지식과 결합하기 위해서 의지가 어느 정도 필요하다.' 아우구스티누스가 의지를 어떻게 사랑으로 파악하는지 우리가 분명하게 안다면 이것은 자명해진다.

아우구스티누스가 의지의 자유란 개념을 최초로 만들어 낸 창시자는 아니지만, 이 개념은 그에 이르러서 더욱 독자적인 개념이 되었고, 그가 더욱 상세하게 논의했다. 우리가 이 개념의 정신사적인 변천을 이해하기 위해서 우리는 무엇보다도 철학적인 신 개념과 그리스도교적인 신 개념의 차이를 주목해야 한다. 중요한 그리스도교의 사상가들, 특히 나치안스의 그레고리우스와 마리우스 빅토리누스는 아우구스티누스 이전에 신 개념을 이성에서부터 생각하지 않고 의지에서부터 생각했다. 또한 아우구스티누스에 따르면 하느님의 계명 역시 인간의 의지에 향해 있다. 구약에 나오는 이사악의 제사는 아주 비이성적으로 보이고, 신약에 나오는 사랑의 계명조차도 이론적인 정당함의 근거가 없다. 이것은 단순히 하느님의 의지에 상응하는 것으로 비치기도 한다.

아우구스티누스는 더욱이 창조조차도 하느님의 의지로 소급하고 '하느님과의 친교'를 하느님의 의지에 대한 앎과 동일시한다. 그는 "의지는 그 자체 이미 행위"(『고백록』 8권, 8, 20)라고 한다. 즉, 우리가 원하기만 하면 우리는 원하는 그것을 할 수 있다는 의미이다. 하지만 우리는 우리가 원하는 것만을 할 수는 없다. 아우구스티누스는 이런 의미에서 바오로의 말을 인용한다. 바오로는 나쁜 의지에 대비해서 선한 의지의 무력함을 강조한다.(로마서 7장, 15~19절) 아우구스티누스는 이것을 다음과 같이 해석한다. '누군가가 선한 일을 하지 못하게 하는 것은 외부의 힘이 아니라 본인 의지의 '사슬'이다. 선한 일을 하려는 의도는 나쁜 일을 하려는 의도처럼 자신의 의지 안에 놓여 있기 때문에 우리 인간에게는 두 가지 종류의 의지가 있음이 분명하다.' 그래서 아우구스티누스는 그의 이른바 '전향' 직전에 이런 정황을 두 가지 의지의 투쟁, 즉 욕망의 근원인 전도된 의지와 하느님에게 자유로이 봉사하려는 새로운 의지의 투쟁이라고 묘사했다.(『고백록』 8권, 5, 10) 여기에서 중요한 것은 우리 인간 안에는 긍정적인 의지, 즉 좋은(선한) 의지와 부정적인 의지, 즉 나쁜(악한) 의지가 공존하고 있다는 사실과 또한 선한 의지가 항상 관철되고 끊임없이 작용하는 것도 아니며, 악한 의지가 항상 관철되고 끊임없이 작용하는 것도 아니라는 사실이다. 우리가 우리의 의지를 규정하려고 시도한다는 것은 의지가 이미 결정되어 있지 않을 때에만 의미가 있다. 아우구스티누스에게는 순수한 선함과 완전한 나쁨 사이에 중간적인 어떤 단계가 없다.

작품들에서 드러나는 그의 사상

행복의 윤리학: 『복된 삶에 대하여』를 중심으로

대화집인 『복된 삶에 대하여*De beata vita*』는 고대 철학의 사상을 그리스도교와 화해하게 하려는 의미심장한 시도이다. 아우구스티누스의 초기 저술에서 시작된 것은 이후에 그리스도교가 중심이 된 정신사 전체 기간에 대해서는 결정적으로 중요한 것이다. 수사학자인 아우구스티누스는 수사학으로 자신의 저술에 광채를 부여했는데, 이 광채는 한편으로는 그의 논의를 숙련되어 보이게 하고 표현이 유려해 보이게 하지만, 다른 한편으로는 결정되지 않은 많은 물음들과 이 물음들에 대한 잠정적인 답변들을 불확실하게 덮어놓는다. 토마스 아퀴나스가 무미건조하고 흔들리지 않는 논리로써 성취하려고 했던 것을 아우구스티누스는 언어적인 비약과 수사학적인 능력으로 이루어냈다.

사상의 측면에서 아우구스티누스는 후기에 로마 학자인 바로Varro(B.C. 116~27)의 견해를 받아들인다. 이 견해란 철학함의 이유는 행복을 추구하는 것 이외의 다른 것이 아니라는 것이다. 철학적 윤리학은 견유 학파, 스토아 학파, 에피쿠로스학파 또는 플라톤 학파에서 결코 추상적인 법칙의 규정을 의미하는 것이 아니라 '영혼의 인도'의 구체적인 실천을 의미한다. 아카데미아 학파는 인식 가능한 진리조차도 거부함으로써 행복의 추구를 무력하게 하며 이로써 모든 윤리적인 지향도

무력하게 한다.

아우구스티누스는 행복론의 아리스토텔레스적이고 스토아적인 전통에서 행복의 추구를 불변하는 인간의 특징으로 이해한다. 행복은 인간의 모든 행위의 목적이다.

> 우리가 행하는 모든 것이 이 최고선에 결부되며, 최고선은 다른 것 때문이 아니라 최고선 자체 때문에 추구된다. 일단 최고선에 도달하면, 우리는 행복해지기에 그 이상의 무엇을 요구할 필요가 없다. (중략) 그래서 플라톤은 철학함이란 하느님을 사랑함임을 의심하지 않았으며 (중략) 지혜를 탐구하는 사람(다시 말해서 철학자)은 하느님을 향유하기 시작할 때만 비로소 행복해질 수 있다는 결론이 나온다.(『신국론』 8권, 8)

행복이란 거기에서 모든 행위와 욕구가 정지되는 것이다. 만약 누군가가 그가 원했던 것을 갖지 못한다면 그는 행복할 수 없을 것이다. 그러나 원하고 요구하는 모든 것이 우리를 실제로 행복하게 만드는 것은 아니다. 그러므로 『복된 삶에 대하여』에서 모니카 성녀는 행복은 무엇보다도 선한 것을 소유하는 것에서 나온다고 주장한다. 그러나 그때그때 선을 소유하는 것은 다만 일시적인 것이다. 만약 우리가 행복에 대해 이야기하려고 한다면 선을 지속적으로 소유할 수 있어야 한다. 이때는 두 가지 전제가 관건이 된다. 첫째, 선은 우리가 행복하다고 부를 수 있는 것을 지속적으로 소유할 때 있을 것이다. 둘째, 항상 동일하게 있는 선을 유지해주는 선은 영원하며 변하지 않는 것이 분명하다. 그러므로 오직 하느님만이 지속적인 행복을 만들어내는 선으로 고찰할 수 있다. 신의 불변성만이 인간의 행복을 지속적으로 만들 수 있다.

우리는 위에서 아우구스티누스가 키케로의 『호르텐시우스』를 읽은 후에 철학을 하게 되었다는 것을 언급했다. 철학에 대한 그의 사랑을 그는 『복된 삶에 대하여』의 4절에서 밝히고 있다. "열아홉 살 때 나는 수사학 학교에서 키케로의 책 한 권을 손에 넣었다. 그 책은 『호르텐시우스』였다. 그 이후로 나는 철학에 대한 크디큰 사랑에 불타올라 즉시 철학의 길을 갔다."

"만약 철학의 항구로……"라는 문장으로 시작되는 『복된 삶에 대하여』는 테오도로스에게 대화의 내용을 보고하는 형식으로 쓴 대화집이다. 예를 들면, 아우구스티누스는 "나의 테오도로스"라고 하면서 4절을 시작한다. 물론 이 책에서 테오도로스는 대화자들 중에 있는 인물은 아니다. 플라비우스 만리우스 테오도로스Flavius Manlius Theodorus는 399년에 집정관을 지낸 철학적인 소양을 갖춘 능력 있는 정치가였다. 그는 그리스도 신자였으며 신플라톤주의의 철학에 접근해 있었다. 아우구스티누스는 테오도로스에게 그것을 통해 우리가 행복의 땅으로 가는 길을 발견하는 철학의 항구로 우리를 인도하라고 한다.

36절로 이루어져 있는 이 책의 1절에서 5절까지는 주제로 들어가는 도입문의 성격을 띠고 있다. 6절에서 테오도로스에게 제시하는 대화가 시작된다. 이 작품은 일인칭 화자의 대화 형식을 취하고 있다. 아우구스티누스의 생일인 11월 13일, 그는 날마다 함께 식사하는 사람들과 대화를 시작한다.

대화에서 먼저 그가 언급한 것은 이 책의 주제 중 하나인 육체와 영혼이었다. 이에 대해 아우구스티누스가 던지는 물음은 "우리가 영혼과 육체로 구성되어 있다는 것이 그대들(대화의 참석자들)에게 확실한가?"이다. 아우구스티누스는 이곳에서 음식은 육체를 위해 있으며 생물체가 음식을 섭취하지 않으면 성장이 멈추거나 작아지는 것이 아니라 여위게 된다는 결론을 내린다. 반면 "영혼은 사물에 대한 통찰과 앎 이외의 것에서 양식을 얻지 않는다." 그리고 단적으로 "정신이 고찰(theoria)과 사유(cogitatio)에 의해 어떤 것을 파악할 수 있다면 정신은 그 자신의 고찰과 사유로부터 양식을 얻는다고 믿는다"는 결론을 내린다. 아우구스티누스는 학식이 높은 사람의 정신의 충만함과 위대함이 무지한 자의 정신을 능가하며 "어떤 교육도 받지 않은 사람의 정신은, 또는 훌륭한 기술을 갖고도 창조하지 않는 사람의 정신은 어느 정도 목말라 있고 굶주리고 있다고 우리가 말하는 것은 틀리지 않다. 그리고 이것은 정신의 일종의 궁핍이며 허기"라고 생각한다. 왜냐하면 우리가 육체에 양식을 주지 않는다면 육체는 몹쓸 질병들로 채워지듯이 저 무지한 자들의 영혼은 완전히 질병으로 가득 차 있고 이로써 그들의 목마름을 우리가 인정하게 되기 때문이다. 그리고 모든 악덕의 어머니인 바로 이 나쁜 상태(nequitia, 사악)는 우리 선조들의 의지에 따라 결코 아무것도 아닌 것, 즉 무에 따라 지칭되었다. 이 결함(부족함)과 마주하고 있는 덕은 절제(frugalitas, 건실)라고 불린다. 아우구스티누스는 『신국론』에서 절제에 대해 이렇게 언급했다. "그리스어로 '소포로쉬네'라 하고 라틴어로는 '템페란시아'라고 하는 절제는 육체의 정욕을 제어함으로써 정욕이 지성을 끌어 당겨 아무 추행에나 동의하게 만드는 것을 막는다. (중략) 악에 동의하지 말라고 가르치는 것은 현명함인데, 정작 거기에 동의하지 않게 만드는 것은 절제이다. 하지만 현명함도 절제도 현세 생활에서 그 악을 없애지는 못한다."(『신국론』 19권, 4) 그러므로 예를 들어, 덕의 가장 위대하고 아름다운 부분은 중용과 절제인데, 덕과 같이 어떤 것은 그것이 항상 동일하게 머물고 지속성을 갖고 있는 한 존재한다. 절제가 정신의 일종의 풍부함 때문에 결실(frux, fructus)에서 도출되었듯이 나쁜 상태는 불임성不姙性에 따라, 다시 말해서 무에 따라 지칭되었다.

이제 아우구스티누스는 행복에 대한 논의로 넘어간다. 우리 모두는 행복하기를 원한다. 행복의 개념은 모든 사람의 정신 안에 확고하게 자리 잡고 있다. 다시 말해서, 사람들 안에 선험적으로 주어져 있고 따라서 명백하다. 아우구스티누스는 이런 확실성을 논의를 위한 확실한 출발점으로, 그리고 공통적인 기반으로 이용한다.

여기에서 제기되는 물음은 "자신이 원하는 것을 갖고 있지 않은 사람이 행복할까?" 그리고 "자신이 원하는 것을 갖고 있는 사람은 모두 행복한가?"이다. 이 물음에 대해 아우구스티누스의 어머니인 모니카 성녀는 "누군가가 어떤 선한 것을 원했고 그것을 갖는다면 그 사람은 행복하다. 그러나 그 사람이 나쁜 것을 원한다면 비록 그가 그것을 갖는다고 해도 행복하지 않다"고 한다. 아우구스티누스는 이 견해가 키케로의 견해와 거의 같다고 보았다. 『호르텐시우스』에서 키케로는 이렇게 쓰고 있다: "철학자들은 그렇지 않다고 해도, 생각 없이 말하는 사람들의 주장에 따르면 자신들이 하고 싶어 하는 대로 하며 사는 사람들이 행복하다. 그러나 이것은 확실히 틀린 주장이다. 왜냐하면 허용되지 않은 것을 원하는 것은 그 자체가 이미 가장 큰 불행이기 때문이다. 적합하지 않은 것에 도달하려고 하는 것이 자신이 원하는 것을 놓치는 것보다 더 큰 불행이다." 따라서 "자신이 원하는 것을 갖고 있지 않은 사람은 행복할 수 없고, 자신이 원하는 것을 갖고 있는 사람도 모두 행복한 것은 아니다(10절)."

따라서 우리는 다음과 같이 결론을 내릴 수 있다. 첫째, 행복하지 않은 사람은 불행하다. 둘째, 자신이 원하는 것을 갖고 있지 않은 모든 사람은 불행하다. 그렇다면 우리의 논의는 '행복해지기 위해서 무엇을 해야 하는가'와 '어떤 사람이, 그리고 더욱 구체적으로 무엇을 가진 사람이 행복한가'에 집중된다. 덧없고 우연에 종속되어 있는, 그런데도 살아가는 데 편리한 사물들을 풍부하게 소유하고 있는 부유한 사람들이 많이 있다. 그리고 그들은 자신들이 원하는 것을 모두 갖고 있다. 일시적인 재물은 없어질 수 있다. 따라서 일시적인 재물을 사랑하고 소유하는 사람은 결코 행복할 수 없다. 그러므로 만약 우리가 행복하다고 해도 우리는 이 사물 때문에 행복한 것이 아니라 우리가 만족하기 때문에 행복하다. 여기에서 제기된 물음의 답변은 "하느님을 소유한 사람은 행복하다(Deum igitur, inquam, qui habet, beatus est)"는 것이다.

이제 우리에게 남아 있는 질문은 '사람들 중에서 누가 하느님을 소유하는가'이다. 이런 사람(하느님을 소유하는 사람)은 참으로 행복하다. 그렇다면 '누가 하느님을 소유하는가'라는 문제에 대해 우리는 다음과 같은 세 가지 제안을 할 수 있다. 첫째 제안은 "좋은 삶을 영위하는 사람이 하느님을 갖는다"이고, 둘째 제안은 "하느님이 원하는 바를 하는 사람이 하느님을 소유한다"이고, 마지막으로 "어떤 불순한 정신도 갖고 있지 않은 사람이 하느님을 소유한다"는 것이다.

하느님을 소유하고 있는 사람은 행복하다. (이것은 이미 증명되었다.) 그리고 어느 누구도 이 명제를 반박하지 않는다. 따라서 (중략) '누가 하느님을 소유하고 있는가'라는 물음이 제기되었다. 그리고 이 물음에 대해 세 가지 견해가 있다. 한 편으로 몇몇 사람들은 하느님의 뜻을 행하는 사람이 하느님을 갖고 있다는 것에 동의했고, 또 다른 사람들은 선한 삶을 영위하는 사람이 하느님을 소유한다고 주장했으며,

또 다른 사람들은 그들 안에 이른바 불순한 정신이 존재하지 않는 사람들 안에 하느님이 살고 있는 것처럼 보인다고 생각한다.(17절)

결론적으로 우리는 이렇게 말할 수 있다. 선한 삶을 영위하는 모든 사람은 하느님의 의지를 행한다. 그리고 하느님의 의지를 행하는 모든 사람은 선한 삶을 영위한다. 그러므로 선한 삶을 영위한다는 것은 바로 하느님의 마음에 드는 것을 의미한다. 그런데 순수한 정신과 불순한 정신이란 무엇인가? 순수한 정신을 갖고 있는 사람이란 그것을 통해서 사람들이 보통 광기로 내몰리는 악령을 자기 안에 갖고 있지 않은 사람인가? 또는 모든 잘못과 죄에서 자유로운 영혼을 가진 사람인가? 아우구스티누스에 따르면 "하느님을 추구하고 오직 그에게만 머물러 있는 사람은 필연적으로 선한 삶을 영위하며, 선한 삶을 영위하는 사람은 필연적으로 이런 사람과 같다." "하느님을 이미 발견한 사람은 모두 자비로운 한 분 하느님을 갖지만 아직 행복하지는 않다. 반면 잘못과 죄로 인해 하느님으로부터 멀어진 사람은 행복하지 않을 뿐만 아니라 결코 한 번도 자비로운 하느님에 의해 살지 않는다."(21절)

이제 우리가 직면하는 문제는 새로운 국면에 접어드는데, 이 문제는 키케로가 질문했던 "재산이 많은 사람은 이 세상에서 부유하고, 모든 덕을 가진 사람은 가난한가?"라는 것이다. 무엇인가 부족한 사람은 불행하다는 사실을 의심하는 사람은 아무도 없다. 또한 그들의 육체를 위한 현자들의 욕구도 우리가 틀린 생각을 하도록 이끌지 않는다. 예컨대 현자들의 정신은 어떤 결핍도 겪지 않는다. 그리고 행복은 이 정신에 근거하고 있다. 왜냐하면 이 정신은 완전하며, 완전한 사람은 어떤 결함 때문에 고통 받지 않기 때문이다. 그 정신은 만약 육체를 위해 꼭 필요한 것으로 보이는 것이 눈앞에 있다면 그것을 사용할 것이다. 만약 그것이 없다고 해도 이 결함이 그를 우울하게 만들지는 않을 것이다. 왜냐하면 현자는 항상 용감하며, 용감한 사람은 어떤 것도 두려워하지 않기 때문이다. 그러므로 현자는 육체의 죽음이나 고통도 두려워하지 않는다. 그러나 피할 수 있는 일을 피하지 않고 당하는 것은 어리석다. 이에 따라 현자는 그가 할 수 있듯이, 그리고 그것이 적합하다면 죽음과 고통을 피할 것이다. 왜냐하면 현자가 죽음과 고통을 피하는 것을 소홀히 했다면 그는 불행할 것이기 때문이다. 더욱이 이런 일 때문이 아니라 그가 이것들을 제지할 수 있었는데도 그것을 제지하려고 하지 않았기 때문이며, 이것은 분명 어리석음의 표시이다.(25절 참조) "네가 원하는 것을 네가 할 수 없다면 네가 할 수 있는 것을 원하라."(25절)

이제 행복에 대한 논의가 완결되었으므로 행복의 반대인 비소유, 결핍과 불행 등에 대해 살펴보자. 모니카 성녀는 '우리가 어떻게 불행을 결핍에서 그리고 결핍을 불행에서 분리할 수 있는가'라는 질문을 제기한다. 왜냐하면 부유하고 유복한, 그리고 더 이상 아무것도 원하지 않는 사람에게도 지혜는 부족하기 때문이다. 모니카 성녀는 "어떤 사람이 금이나 은을 갖고 있지 않으면 우리는 그가 결핍으로 인해 고통 받는다고 하면서 왜 우리는 그에게 지혜가 없을 때는 그렇게 말하지 않는가?"라고 다시 묻는다. 사실 지혜가 없는 것보다 더 크고 유감스러운 결핍은 없다. 지혜를 갖고 있는 사람에게는 어쨌든 아무 것도 모자라지 않는다. 어리석은 모든 사람이 불행하듯이 불행한 모든 사람은 어리석다. 그러므로 모든 결핍은 불행이고 모든 불행은 결핍이다.

모자람이란 소유하지 않음을 뜻한다. 모자람과 불행한 사람, 어리석음 등에 대해 고찰한 다음에 제기되는 물음은 '어떤 결핍에 의해서도 고통 받지 않는 사람은 누구인가'라는 것이다. 이런 사람은 현명하며 행복할 것이다. 어리석음은 또 다른 결핍이다. 이 낱말은 보통 열매를 맺지 못함과 가난 따위를 의미한다. 어리석은 정신은 악덕으로 가득 차 있으며, 정신의 모든 악덕은 어리석음의 개념 아래 파악된다. 나쁜 상태(nequitia)는 '결코 아무것도 아닌 것'에 따라 이름 붙여졌고, 이에 상응해서 이것의 대응물인 절제(frugalitas)는 '열매' '결실'에서 나왔다.(8절 참조) 절제와 나쁜 상태라는 반대 개념의 쌍에서 우리는 존재와 비존재(esse et non esse)라는 개념의 쌍을 볼 수 있다. 아우구스티누스는 이제 다음과 같은 질문을 던진다. "여기에서 문제되고 있는 결함에 대립해 있는 것은 무엇인가?" 아우구스티누스는 충만함을 결함의 대립 쌍으로 삼으며 또한 많은 사람들이 절제를 모든 덕의 어머니로 불렀다고 말한다.

정신의 절도는 지혜이며, 지혜는 충만함이다. 충만함에는 절도가 있다. "인생에서 무엇보다 유용한 것은 과다하지 않은 것이다"라는 말은 이 통찰에서 나왔다. "만약 불행은 결핍이라는 것이 명백해진다면 우리는 어떤 결핍으로 고통 받지 않는 사람을 행복하다고 말하고자 한다. 그러므로 행복하다는 것은 어떤 결핍도 겪지 않을 것이다. 그리고 이것은 또한 현명하다는 것이다." 아우구스티누스에 따르면 항상 행복한 사람은 누구나 자신의 척도를 갖고 있는데, 바로 이 척도가 지혜이다.

아우구스티누스는 '하느님의 지혜 이외에 우리는 무엇을 지혜라고 말해야 하는가'라고 물으면서, 우리는 하느님의 아들이 바로 하느님의 지혜라는 것을 안다고 말한다. 행복한 사람은 모두 하느님을 갖고 있다. 그리고 척도 없는 진리는 없으며 진리 없는 척도도 없다. 하느님의 아들은 진리이다. 그러므로 진리를 통해 최고의 척도에 도달한 사람은 행복하다. 이것은 하느님을 갖는다는 것을, 또다시 하느님을 향유한다는 것을 의미한다. 향유라는 개념은 아우구스티누스의 근본 개념에 속한다. 향유란 어떤 사물 자체를 위해 그 사물에 대한 사랑에 매달려 있는 것이다. 오직 최고선만이 그것 자체를 위해서 추구되고 소유될 수 있다.

> 인간이 행복해지는 것은 육체를 향유해서도 아니고 정신을 향유해서도 아니고 오로지 하느님을 향유해서라고 말한 저 플라톤 철학자들에게 모두 자리를 내주어야 한다. (중략)

이 말은 사랑하는 무엇을 향유할 때 당장 행복해진다는 뜻
이 아니다. (중략) 단지 사랑하는 바를 향유하지 못하면 아
무도 행복해질 수 없다는 말이다. (중략) 사랑하는 바를 향
유할 적에 행복하다면, 참된 최고선을 사랑하는 사람이 그
최고선을 향유할 때에 행복하다는 것을 부정하는 자는 참으
로 가련한 인간이 아니겠는가? 그런데 플라톤은 참된 최고
선은 하느님이라고 하며, 그러므로 철학자란 하느님을 사랑
하는 자라고 말하려는 것이다. 그 이유는 철학은 행복한 삶
을 지향하는데, 하느님을 사랑하는 사람이라면 하느님을 향
유함으로써 행복해지기 때문이다.(『신국론』 8권, 8)

인간 예술가가 무엇을 만들려고 할 때 내다보는 것이 세
가지가 있다. 자연본성, 이론, 사용! 자연본성은 재능으로,
이론은 지식으로, 사용은 결과로 판단되어야 한다. 향유는
향유하는 사람의 일이고, 사용은 사용하는 사람의 일임을
내가 모르지 않으나 차이가 있다면 그 사물을 다른 것과 연
관시키지 않고 그 자체로 즐길 때에 그 사물을 향유한다고
하며, 사물을 사용한다는 것은 다른 것 때문에 그 사물을 찾
을 때를 말한다. (중략) 돈은 향유하고 하느님은 사용하려는
자는 가치가 전도된 사람이다. 그런 사람들은 하느님 때문
에 돈을 쓰는 것이 아니고 돈 때문에 하느님을 숭배하는 것
이다.(『신국론』 11권, 25)

『복된 삶에 대하여』의 35절은 아우구스티누스의 중요 사상

이 집약되어 있는 부분이라고 할 수 있다. 하느님을 기억하고 하느님을 찾으며 모든 혐오를 극복하고 하느님을 목말라 하라는 경고는 진리 자체의 샘에서 흘러나온다. 저 숨겨진 태양이 우리 내부의 눈에 자신의 광휘를 비춘다. 이 태양으로부터 우리가 언급하는 모든 지혜가 나온다. 그리고 이 태양이 바로 완전한 하느님이다. 하느님을 소유한다는 것은, 아우구스티누스가 볼 때는 신적인 정신을 완전하게 소유하는 것이다. 우리가 진리를 완전히 소유했을 때 우리는 비로소 하느님을 소유하며 따라서 행복하다. 우리가 여전히 무엇인가를 추구하고 있는 한, 우리는 아직 우리의 척도에 도달하지 못했다는 것을 고백해야 한다. 그러므로 하느님의 도움을 받는데도 우리는 현명하지도 행복하지도 않다. 누가 우리를 진리로 이끄는가를 경외하며 그리고 완전히 인식함, 우리가 향유하는 진리가 무엇인가를 인식함 그리고 우리가 무엇을 통해 최고의 척도와 결합하고 있는가를 인식함, 이 세 가지 인식이 정신의 포만飽滿이며 오직 이것만이 행복이다. 만약 우리가 가능한 모든 미신의 하찮은 것들을 포기한다면 이 세 가지 인식이 통찰하는 사람에게 하느님을, 하나의 유일한 실체를 제시한다.

이 대화편의 목적은 어떤 욕구를 충족하는 것이 사람들을 실제로 만족하게 하는가를 찾는 것이다. 자신이 원하는 것을 소유한 사람은 행복한가? 행복은 육체의 만족에 있는가? 또는 영혼의 만족에 있는가? 이제 우리가 질문해야 하는 것은 욕구가 어디로 향하고 있는가이다. 어떤 좋은 것을 원하고 그것을 소유한 사람은 행복하고 나쁜 것을 원하는 사람은 불행하다는 모니카 성녀의 주장에 아우구스티누스는 열정적으로 동의했지만, 이것이 시사하는 바는 그리 많지 않다. 이제 문제는 '무엇이 좋은 것이고 무엇이 나쁜 것인가'라는 물음이다. 그러므로 '이제 우리는 무엇을 원할 수 있는가'라는 요구는 아우구스티누스가 처음에 이 요구를 강하게 거부한다고 해도 정당한 요구이다.

8절에서 아우구스티누스는 존재론과 가치론의 개요를 소개한다. "흐르는 것, 분해되는 것, 말하자면 지속적으로 없어지는 모든 것은 무이다. (중략) 어떤 것은 그것이 지속적일 때, 항상 동일하게 머무를 때 존재한다. 예를 들면, 덕이 이런 것에 속하는데, 덕의 가장 크고 아름다운 부분을 우리는 중용과 절제라고 부른다." 그런데 변하지 않고 항상 그대로 머물러 있는 것은 정신(영혼)이다. 8절에서 언급한 절약과 태만의 의미를 아우구스티누스는 22~30절에서 다시 말한다. 이로써 그는 '부족'과 '충만'에 놓여 있는 '비존재'와 '존재'의 개념을 다시 논의하고 행복과 불행의 관계를 설정하려고 한다. 행복해지고 싶어하는 사람은 참된 선을 창출해야 하는데, 이 선은 단순한 가상의 선과 반대로 플라톤적인 의미에서 존재를 갖는 것이다. 정신이 아닌 것은 존재를 빼앗긴 것이고 존재가 결여되어 있는 것이다. 그러므로 아우구스티누스가 행복에 대한 물음과 관련해서 욕구가 영원하며 지속적인 것으로 향하기를 요구한다면 이것은 참된 존재를 갖는 것만을 원해야 한다는 뜻이며, 참된 존재를 갖는 것은 정신적인 본성을 갖는 것이다.

『참된 종교에 대하여』

아우구스티누스는 예전의 약속을 지키려고 이 책을 썼는데
이 약속이란 그가 타가스테 출신으로 많은 토지를 소유하고
있는 로마니아누스Romanianus에게 몇 년 전에 했던 것이다. 아
우구스티누스는 오직 가톨릭 신앙 안에서만 로마니아누스의
욕구를 잠재울 수 있다고 한다. "친애하는 나의 로마니아누스
여, 이미 몇 년 전에 나는 그대에게 참된 종교에 대한 내 생각
을 글로 전해주겠다고 약속했었네." 그리고 아우구스티누스는
이제 그때가 왔다고 생각한다면서 이렇게 말한다. "왜냐하면
그대의 견해가 항상 어떤 확고한 목적 없이 이리저리 움직이
기 때문에 나는 그대의 재촉하는 물음을 더 이상 벗어날 수
없네. 그대에게 빚진 내 사랑이 이것을 참지 못한다네." 이것
이 아우구스티누스가 이 책을 집필한 동기 중의 하나이다. 로
마니아누스는 일찍이 젊은 아우구스티누스에게 관심이 있어
서 그를 후원했던 사람이다. 로마니아누스는 아우구스티누스
의 철학적인 숙고를 기꺼이 경청했고, 아우구스티누스는 자신
이 마니교도가 되었을 때 로마니아누스와 그의 친척인 알리피
우스를 마니교로 전향하게 했다. 아우구스티누스가 밀라노에
서 교사로 일할 때 로마니아누스는 밀라노를 자주 오갔고, 자
신의 많은 재산을 철학의 공동체에 기여할 준비가 되어 있었
다. 그러나 아우구스티누스가 그리스도교로 전향한 이후에는

두 사람의 관계가 힘들어졌다. 아우구스티누스는 자신의 첫 번째 저서를 자신의 후원자인 로마니아누스에게 헌정했지만, 이 책의 주제인 회의주의의 극복은 로마니아누스가 그에게 제기한 주요한 물음을 언급하고 있지 않다. 이 물음이란 '아우구스티누스가 마니교를 떠난 이유와 가톨릭교회에 들어가게 된 계기가 무엇인가'라는 것이다.

선하고 행복한 삶의 통로를 열어주는 것은 오직 참된 종교이다. 이 종교는 오직 하나의 하느님을 경외하고, 순화된 경건함을 갖고 하느님을 모든 존재의 근원으로서 경건하게 인식한다. 우주를 시작하게 했으며 세상을 완성하고 그것을 포함하고 있는 존재인 하느님을 인식하는 종교가 이 종교이다. 이로써 하나의 참된 하느님과 주인을 모든 것 위에서 경외하기보다 오히려 많은 신들을 경외하려고 했던 저 민족들의 망상은 사람들이 철학자라고 부르는 현자들이 서로 다른 학파로 나뉘어 있음에도 똑같은 신전을 갖고 있다는 사실에서 분명히 밝혀진다.

이것은 아우구스티누스의 『참된 종교에 대하여』의 서두이다. 우리는 서두에서 그가 이 작품에서 서술하려고 하는 것이 무엇인지를 알 수 있다. 그의 의도는 모든 것의 창조자이며 모든 것 위에 존재하는, 우주를 조종하는 유일한 하느님을 경외하는 종교를 옹호하며 동시에 이교도들을 비판하는 것이다.

아우구스티누스는 거의 도입 부분 없이 주제를 직접 끄집어낸다. 먼저 그는 소크라테스와 플라톤을 논한다. 그에 따르면 플라톤은 학생들에게 우리는 진리를 육신의 눈으로 볼 수 없고 오직 순수한 정신으로만 볼 수 있다는 것과 이 진리를 좋아하는 인간의 영혼은 성스럽게 되며 완전해진다는 것, 그리고 이 진리에 도달하는 것을 방해하는 것은 없다는 것을 가르쳤다고 한다. 감각적인 사물은 육체의 중재를 통해 우리에게 감각적인 세계를 인도하고 이로써 아주 다른 억견臆見과 오류를 만들어낸다. 더 나아가 플라톤은 영혼은 사물의 변하지 않는 형상과 늘 변하지 않고 동일하게 머물러 있는 아름다움을 직관하기 위해서 건강해져야 한다고 가르쳤다. 그러므로 만약 그리스도 신자가 아닌 사람들이 우리와 함께 살 수 있다면 그들은 어떤 권위가 사람들에게 훨씬 쉽게 도움을 주는지를 아무 의심 없이 보게 될 것이다. 그들 자신이 스스로 그리스도 신자가 되기 위해서는 낱말 몇 개와 몇 가지 견해만 바꾸면 되기 때문이다.

그리스도 신자들은 철학, 즉 진리의 추구와 종교가 서로 다르지 않다는 것을 믿고 가르쳤는데, 그들의 구원은 여기에 달려 있다. 아우구스티누스는 여러 종류의 종교에 대해 언급하는 가운데 마지막으로 유대인에 대해서 논한다. "유대인은 유일하고 전능한 하느님께 기도하기는 하지만 그들은 다만 시간적인 그리고 그들이 볼 수 있는 선만을 기대하기 때문에 그들의 고유한 경전에서 드러나듯이 그들은 겸손에서 나온 새로운 민족의 싹을 고려하지 않았고 옛 사람으로 남아 있다."(IV. 9. 28 참조) 우리는 참된 종교를 오직 그리스도 신자와 정통 신앙인이라고 부르는 사람들에게서 찾아야 한다. 왜냐하면 이들이야말로 올바른 길 위에 있는 순수함의 감시자이자 영원한 삶을 열망하는 지상의 방랑자이기 때문이다.

우리가 이 종교를 고찰할 때 첫 번째 주요 대상으로 세속적인 분배의 역사와 예언을 들 수 있는데, 아우구스티누스는 삼위일체의 맥락에서 이것을 언급한다. "우리가 그것이 세속적인 지상의 삶에서 가능한 한, 삼위일체를 인식한다면 우리는 추호도 의심하지 않고 다음과 같은 사실을 통찰하게 될 것이다. 피조물이 무엇보다도 이 존재에 참여할 수 있는 한 정신적인, 영혼을 지닌, 물질적인 모든 피조물은 바로 이 삼위일체로부터 존재를 받는다." 그리고 그는 이것은 마치 성부가 전체 창조의 한 부분을 생산해내고, 성자가 다른 부분을 그리고 성령이 또 다른 부분을 창조해내는 식으로가 아니라, 성부가 성자를 통해서 그리고 성령이라는 선물로써 모든 것을 동시에 창조했을 뿐만 아니라 또한 각각의 존재자를 창조했다고 설명한다. 왜냐하면 각각의 사물, 각각의 실체 또는 본질 또는 자연본성 또는 우리가 그것을 어떻게 다르게 부르든 그들은 세 가지 특성을 동시에 갖기 때문이다. 그것은 일자이며 자신의 특유한 모습을 갖고 있고, 우주의 질서에 포함되어 있다. 우리는 여기에서 아우구스티누스의 삼위일체론의 윤곽이 잡혀 있는 것을 볼 수 있다. 아우구스티누스가 이 책을 집필한 목적은 그가 『복된 삶에 대하여』에서 "나는 보이는 빛을 최고의 신성의 하나로 경외해야 한다고 믿는 사람들에게 속았다"(『복된 삶에 대하여』 1, 4)고 언급했던 마니교의 오류와 마니교도들에 대한 방어이다. "이제 나는 나의 이 저서가 하느님의 도움으로 경건하고 선한 의지를 갖고 있는 독자들을 강하게 만들 수 있다고 믿는다. 특정한 나쁜 견해와 전도된 견해에 저항하는 것뿐만 아니라 가능한 모든 견해에 저항하는 것을 강화할 수 있다고 믿는다." 그렇지만 이 책은 우선 하나의 근원의 두 가지 본성 또는 본질을 주장하는 사람들에 반대한다. 그 자신들의 습관에 붙잡혀서 그리고 육체의 구속에 붙잡혀서 마니교도들은 한 육체 안에 두 개의 영혼이 있다고 생각한다. 이들 중 한 영혼은 하느님과 그리고 하느님과 동일한 자연에서 유래하며, 다른 한 영혼은 어둠의 종족에서 유래한다. 하느님은 이 어둠의 종족을 만들지 않았다. 마니교도들은 이 어둠의 종족이 자신의 고유한 삶, 땅, 자손과 생물체를 갖고 있다고 가르친다. 그렇다. 그것은 정말로 그것의 고유한 왕국과 다른 것에 의해 만들어지지 않은 근원을 갖고 있다. 어느 순간 어둠의 종족은 하느님에 반대해 일어섰고, 하느님은 어쩔 수 없이 필연적으로 선한 영혼을, 즉 자기 본질의 한 부분을 이 세상으로 보내는 것으로만 적에게 대항할 수 있었다. 마니교도들은 이렇게 생겨난 혼합에 의해서 적이 약화되었고 이 세상이 생성되었다고 꿈꾼다. 이제 이 책은 그들의 견해에 다른 의견을 제기하기보다는 그들의 공격에 맞서 가톨릭 신앙을 확실히 하고, 하느님이 우리에게 제시할 증명 근거로써 그들의 잘못된 가르침이 사람들의 마음을 혼란스럽게 하지 않도록 그리고 사람들이 그들에게 동의하고 현혹되지 않도록 가능한 한 힘쓰는 데 그 목적을 두고 있다.(IX.17 참조)

아우구스티누스는 로마니아누스에게 이렇게 말을 건다. "나는 자네가 무엇보다도 이것을 고수하기를 청하네. 그리고 이 작품에서 발견되는 오류는 오직 내 책임이며, 모든 참된 것과 적절한 것은 모든 선한 선물의 유일한 수여자인 하느님에게 돌아가야 할 것이라는 말이 겸양함의 단순한 수식이 아니라는 것을 알만큼 자네는 나를 잘 알고 있다네."

아우구스티누스는 우리가 진리를 찾기 원할 때 표상 상에서 벗어날 수도 없고 그것을 피할 수도 없다고 한다. 그에 따르면 표상 상이란 말할 것도 없이 육체적인 감각들의 도움으로 물질적인 세계에서 얻은 상이다. 우리는 이 상들을 받아들이자마자 이들을 아주 쉽게 기억한다. 우리는 진리를 찾기 위해 창조자를 섬겨야 하는데, 창조자를 섬기고 싶으면 우리의 종교가 완전한 것이어야 한다. 그런데 우리 인간의 영혼은 죄를 짓고 있어서 하느님의 영원성을 직관할 수도 확신할 수도 없다. 그리스도교를 알고 그것을 따르는 것이 오늘날 구원에 이르는 가장 안전하고 확실한 길이다. 모든 삶은 하느님 안에 근거하고 있다. 왜냐하면 하느님은 단적으로 최고 생명이며 또한 삶의 근원이기 때문이다. 그리고 어떤 것이 살아 있는 한, 어떤 삶도 나쁜 것이 아니다. 이것은 다시 말하자면 — 후에 토마스 성인이 더 정확하게 표현했듯이 – 모든 존재자는 그것이 살아 있는 한 선하며, 그것의 존재가 완성되어 있는 그만큼 선하다는 뜻이다. 모든 것은 그것이 존재하는 한, 좋은 것이다. 또한 죽음만이 무가 아니다. 아우구스티누스가 생각할 때 '무'라는 것은 생명체가 자신을 창조해낸 것으로부터 자유로이 멀어질 때, 그리고 하느님의 법칙에 반대해 육체적인 세계를 즐기려고 할 때 생긴다. 이로써 아우구스티누스는 하느님은 모든 평화의 원천이며 가장 아름다운 것이라는 결론에 이른다. 또한 하느님은 하나의 진리이며 모든 것의 구원이고 최초이자 최고의 존재이다. "모든 생명은 그것이 살아 있는 한 나쁜 것이 아니며 그것이 죽음을 향해 있을 때에만 나쁜 것이다."(XI. 21)

아우구스티누스에 따르면 천사는 그것이 천사로 있다면 나쁜 것이 아니다. 다만 그것이 자신의 의지로부터 전도된다면 그것은 나쁜 것이다. 천사는 본성상 변화될 수 있는 것임을 우리는 인정해야 한다. 왜냐하면 오직 하느님만이 변하지 않는 것이기 때문이다. 여기에서 나쁜 천사와 착한 천사의 기준이 되는 것은 천사가 자신보다 하느님을 더 사랑하는가, 또는 하느님보다 자신을 더 사랑하는가이다. 이런 천사는 하느님의 권능 대신에 자기 자신의 힘을 즐기는 것을 더 좋아하는데, 그의 힘은 사실 하느님의 힘보다 약하다. 천사를 악마로도 만들 수 있는 하강이 우리가 죄라고 부르는 것이다. 천사 또는 인간의 행위가 자유로이 원해진 것이 아니라면 그것은 단적으로 죄라고 불릴 수 없다. 따라서 죄는 자유로이 원해진 나쁜 것이다. 이것은 모든 사람이 분명히 인정하는 것이다. 그러므로 우리는 죄를 결코 범하지 않았다고 부정하거나 또는 자유에 의해 죄를 지었다고 인정해야 한다.

아우구스티누스뿐만 아니라 이후 토마스도 인간은 자신의 자유로운 의지에 의해서 죄를 짓는다고 했다. 이 자유의지에 대해서 아우구스티누스는 『자유의지론』에서 상세히 언급하고 있다. 그리고 성경에서도 사도 바오로는 인간이 자기의지에 의해 죄를 짓는다는 것을 여러 번 암시한다. 우리는 하면 안 된다는 것을 알면서도 어떤 일을 하며, 반면 자유의지를 갖고 있는 인간이 죄를 짓는 것도 당연한 것이다. 결론적으로 우리 인간은 자의적으로 죄를 짓는다. 우리가 죄를 짓는다는 사실에 대해서는 아무런 의심이 없으므로 우리는 영혼이 자유로운 의지의 결정을 갖는다는 것을 의심하지 않는다. 만약 하나의 행위를 자유로이 원하지 않았다면 도대체 죄에 대해서 말할 수 없기 때문이다.

그러나 후기의 아우구스티누스는 원죄를 현실적인 죄로 보며 세례 받지 않은 갓난아이도 실제로 죄가 있다고 본다. 왜냐하면 그는 어린아이가 세례를 받는 것을 구원에 필수적인 것으로 보기 때문이다. 더 이상 자유가 아니라 인간의 기억이 미치지 않는 은총에 의한 선택이 아우구스티누스가 『재론고』를 집필할 당시 생각한 그리스도교의 토대이다. 그리고 하느님은 강요에 의해서가 아니라 자유롭게 그를 섬기는 것을 최고의

섬김이라고 생각할 것이다. 천사는 하느님을 자유롭게 섬기며 이로써 그에게 도움이 되는 것이 아니라 스스로에게 도움이 된다. 왜냐하면 하느님은 선 자체이기 때문에 다른 어떤 선을 필요로 하지 않기 때문이다. 창조된 것은 하느님 자체인 선을 필요로 한다. 다시 말해서, 최상의 선을 필요로 한다. 이것은 동시에 최고의 존재이다. 죄를 짓는 영혼이 하느님에게 조금 덜 움직일수록 그것은 예전보다 더 작은 존재가 된다.

위에서 언급한 대로 선한 모든 존재는 존재 자체인 하느님 으로부터 유래하고, 선이 충만한 만큼 존재도 충만해지므로 완전한 선에서 멀어지는 정도로 피조물은 자신의 존재성을 상실한다. 그리고 이것은 아우구스티누스에 따르면 의지의 자유로운 결정에서, 그러나 잘못된 결정에서 나온다. 그렇지만 누군가가 강요에 의해 나쁜 일을 했다면 그에게는 책임이 돌아가지 않는다.

아우구스티누스는 형상, 질료, 선에 대해서도 논의한다. "그대는 내게 '변하는 피조물은 왜 허약한가'라고 묻는다. 나는 이렇게 답한다. 그것은 변하기 때문이다. '그대는 그것들이 왜 변하는가'라고 묻는다." 이런 일련의 물음들에서 나오는 결론은 다음과 같다. '피조물의 창조자는 하느님이고, 그가 피조물을 창조한 이유는 그것들이 존재하도록 하기 위해서이다. 왜냐하면 존재 자체는 그것이 무엇이든 단지 존재한다는 이유만으로 선한 것이기 때문이다.' '그렇다면 하느님은 그것을 무엇으로 창조했는가'라는 물음에 대해 아우구스티누스는 그것들을 '무'에서 창조했다고 답한다. 다시 말해서, 그것으로부터 하느님이 모든 것을 창조한 것은 형태와 형상이 없는 것, 다시 말해서 무이다. 형태를 갖춘다는 것은 좋은 것이므로 형상의 가능성은 일종의 어떤 선이다. 존재하는 모든 것은 그것이 존재하는 한, 그리고 아직 존재하지 않는 것은 그것이 존재할 가능성을 갖고 있는 한 모든 선의 창시자인 하느님으로부터 유래한다. 이성적인 영혼의 최초의 부패는 최고의 진리이며, 가장 내적인 진리가 금지하는 것을 하려는 의지이다. "그 어느 실체도 그 자체로는 악이 아니다. 악은 단지 영원한 선에서 시간적인 선으로, 영적인 선에서 육체적인 선으로, 가지적인 선에서 감각적인 선으로, 최고선에서 최하선으로 전락하는 것이다."(XX. 38 참조)

이 밖에 『참된 종교에 대하여』에서 다루는 중요한 주제는 믿음과 권위이다. 아우구스티누스는 믿음과 권위가 두 가지 다른 치료 수단이라고 한다. 권위는 믿음을 요구한다. 이성은 우리를 통찰과 인식으로 이끈다. 우리의 유일한 구원처인 하느님을 올바로 경외하기 위해서 어떤 사람 또는 어떤 책들을 믿어야 하는지 깊게 생각하는 것은 우리의 과제이다.

아우구스티누스는 이 책에서 죄의 문제를 특이하게 자연적인 인간의 연령 단계와 정신적인 인간의 연령 단계와의 관계에서 서술한다. 여기에서 주목할 것은 청년기인데, 이것은 아우구스티누스의 분류에서는 네 번째 단계이다. 이 단계에서 우리들은 공공의 의무를 떠맡게 되고 법률의 제약도 받는다.

죄에 대한 강력한 금지가 있지만 이 단계에서 우리들은 나쁜 일을 하는 것에서 더 나아가 금지령까지도 위반한다. 이런 힘든 단계 이후에 나이가 든 사람들은 확실한 고요함의 상태에 이른다. 이 시기부터 죽음에 이르기까지 사람들은 우울하고 기쁨이 없는 시간을 보내고 병에 걸리기도 하고 몸은 허약해진다. 지금까지 아우구스티누스가 서술한 것은 육체에 따라 살고 일시적인 선에 대한 욕구에 속박되어 있는 사람들을 보여준다. 그가 이런 과정을 서술한 것은 이에 대비되는 삶을 보여주기 위해서였다.(XXIV. 48 이하 참조)

변하지 않는 이성적인 영혼은 오직 뛰어난 존재인 하느님뿐이라는 데는 이제 어떤 의심도 없다. 그리고 최고의 지혜가 있는 바로 그곳에 최고의 삶과 최고의 존재가 있을 수 있다는 것도 의심의 여지가 없다. 우리가 우리보다 하등한 사물에 대해 올바르게 판단하듯이 우리에 대해서 판단하는 것은 오직 진리 자체이다. 그리고 일치를 추구하는 모든 것은 일반적으로 진리를 갖는다. 우리가 어떤 것을 인식하려고 한다면 그것이 이렇다 또는 이렇지 않다는 것을 보는 것으로 충분하다. 그런데 우리가 그것을 판단하려고 한다면 우리는 그것이 다른 것으로 될 수도 있다는 것을 이해해야 한다. 우리가 "그것은 그래야 한다" 또는 "그것은 그랬어야 했다" 또는 "그것은 그래야만 한다"라고 말할 때처럼 말이다.

아우구스티누스는 감각적인 인식과 정신적인 직관에 대해 이렇게 말한다. "많은 사람들은 오직 즐거움(쾌락)을 목적으로 알고 있으며 (우리가) 볼 수 있는 것이 왜 우리 마음에 드는지를 판단하기 위해서 더 높은 것을 추구하려고 하지 않는다."
자신의 의지와 반대로 어떤 것을 원래 그것과 다르게 간주하는 사람은 거짓말을 하는 것이 아니라 단지 기만하는 것이다. 거짓말을 하는 것과 속이는 것의 차이는 다음과 같다. 모든 거짓말쟁이는 사람들이 그의 말을 믿지 않는다고 해도 기만하려고 한다. 그러나 실제로 기만하지 않는 사람은 기만하는 사람일 수 없다. 그런데 물질적인 현상은 이에 대한 의지를 갖고있지 않기 때문에 거짓말하지 않는다. 그리고 우리가 물질적인 현상을 실제로 그것이 아닌 어떤 것으로 믿지 않는다면 그것은 기만하지 않는다. 눈 자체는 결코 기만하지 않는다. 왜냐하면 눈은 오성에게 자신이 받은 인상만을 전달할 수 있기 때문이다. 만약 누군가가 배를 젓는 노가 물 속에서 부러졌다가 그가 그것을 꺼냈을 때 다시 새것이 된다고 생각한다면 그는 이 현상들을 보고하는 사람이 아니라 단지 이 현상을 잘못 판단하는 사람이다. 왜냐하면 노와 같은 막대가 물 속에서 휘어 보인다는 것은 참이기 때문이다. 육체의 눈이 사물을 보기 위해 부여되었듯이 영혼이 가장 아름다운 것을 고찰할 수 있도록 영혼에게는 정신이 부여되었다.

그렇다면 진리와 허위의 본질과 근원은 무엇인가? 우리가 존재하지 않는 것을 존재하는 것으로 간주하는 것은 잘못이라는 것을 분명히 인식하는 사람은 존재하는 것을 우리에게 제시하는 것이 진리임을 인식한다. 참된 것은 그것이 존재하는 한에서 참되며, 그것은 저 근원적인 일자와 유사한 정도에서 존재하기 때문에 참된 것은 그들의 근거와 가장 유사한 모든 사물들의 형상이다.

오류는 사물 자체가 속이는 데에서 생기지 않는다. 왜냐하면 사물들은 지각하는 사람들에게 자신들의 형상만을 제시하기 때문이다. 오류는 또한 감각기관의 기만에 의해 생기지도 않는다. 왜냐하면 위에서 설명했듯이 감각은 정신에게 감각기관들이 받아들인 인상만을 전달하기 때문이다.

아우구스티누스는 진리에 대해 논의하는 맥락에서 우상 숭배를 언급하며, 무신론자들이 빠져 있는 세 가지 욕정을 설명한다. 이 세 가지는 육체적인 쾌락, 명예직 그리고 연극에 대한 욕구이다. 그는 또한 진리를 포착하는 오성의 작용을 가로막는 정신적인 타락에 대해서도 언급하는데, 이것은 정욕, 야심 그리고 지적인 허세이다: "왜냐하면 이 세상에 있는 모든 것은, (중략) 육체의 욕정과 눈의 욕정과 세속적인 야심이기 때문이다."(XXXVIII. 70) 그는 이것에 대한 유비적인 예로 그리스도가 악마로부터 받은 세 가지 유혹을 언급한다. "너를 육체적인 쾌락에 묶어 놓은 것이 무엇인지 물어보아라. 너는 그것에 동의하는 너만을 발견할 것이다. (중략) 밖으로 나가지 말라! 네 자신에게 돌아가라! 인간의 내면 안에 진리가 살고 있다."(XXXIX. 72) 그리고 그는 계속해서 진리는 이성을 사용하는 모든 사람이 추구하는 것이라고 한다. 내적인 인간은 자기 안에 사는 진리와 함께 하기를 좋아한다. 아우구스티누스는 이렇게 덧붙인다. "만약 네가 내가 말한 것을 통찰하지 않고 그것이 참인가 아닌가를 의심한다면 네 자신이 그것을 의심한다는 것 자체를 의심하는지 의심하지 않는지를 바라보아라. 그리고 네가 의심하는 것이 확실하다면 이 확실성이 어디에서 오는가를 탐구해보아라. 이때 네가 마주치는 것은 우리의 태양의 빛이 아니다. 그것은 모든 사람을 비추는 이 세상에 온 참된 빛이다." 아우구스티누스는 이로써 다음과 같은 인식의 규칙이 나온다고 적고 있다. "누구든지 자신이 의심하고 있다는 것을 인식하는 사람은 어떤 참된 것을 인식하며 자신이 인식하는 것에 대해서는 확실하다. 따라서 그에게는 진리가 확실한 것이다. 그러므로 진리가 존재하는지 의심하는 사람은 그것에 대해서 그가 의심하지 않는 어떤 참된 것을 자기 자신 안에 갖고 있다. 참된 것은 모두 진리에 의해서만 참이기 때문에 어쨌든 의심할 수 있는 어느 누구도 진리에 대해서는 의심하지 않는다."(XXXIX. 73)

지금까지 우리는 『참된 종교에 대하여』의 내용을 개략적으로 살펴보았다. 이 작품에서는 그리스도교의 도나티스트주의자들에 반대하는[16] 그리고 마니교도에 반대하는 그의 논점이 관건이다. 그가 이 작품을 집필하던 당시 그는 교회에서 직무를 갖고 있던 사람이 아니었기 때문에 교회의 공식적인 대변인의 입장으로 말한 것도 아니고 그렇다고 대중을 향하고 있지도 않다. 『고백록』에는 마니교의 주교인 파우스투스와의 직접적인 만남과 대담의 내용이 서술되어 있는 반면, 이 책에서 마니교에 대한 설명은 일반적인 수준에 머물러 있다. 아우구스티누스가 그리스도교의 본질을 서술한 목적은 반대자를 설득하기 위해서다. 이것은 또한 그가 390년에 갖고 있던 그 자신의 고유한 확신이기도 하다. 아우구스티누스는 순수하고 변하지 않는 진리가 본래의 형상이며 모든 사물의 척도이며 원형이라고 말한다. 그러므로 그는 하느님 안에 있는 이데아를 하나의 통일체로 요약한다. 그는 또한 성육신을 신성이 가시적인 세계로 들어선 것으로 생각한다. 그리고 예수의 삶은 올바른 도덕에 대한 하나의 예일 것이다: "죄에 대한 벌이건 인간을 구속하는 것이건 모든 것이 창조자에게 봉사해야 한다는 것을 그(그리스도)의 부활은 보여준다. 마지막으로 영혼이 스스로 하느님께 복종한다면 육체도 어떻게 영혼을 쉽게 따르는가를 보여준다. 이것이 이루어지면 어떤 존재도 악하지 않을 뿐만 아니라 – 이것은 도대체 불가능하다 – 어떤 악에 의해서도 훼손될 수 없다."(『참된 종교에 대하여』 XVI, 32)

하느님의 예지와 인간의 자유에 대한 논의: 『자유의지론』

아우구스티누스가 『자유의지론』에서 다루고 있는 중요한 주제 가운데 첫째는 영혼과 의지 사이의 관계이다. 둘째 중요 과제는 악에 대한 물음이다. 이 작품은 아우구스티누스가 그와 같은 고향이며 많은 시간을 함께 보낸 에보디우스Evodius와 나눈 대화집이다. 에보디우스가 아우구스티누스에게 던지는 "하느님이 모든 악의 장본인인지 또는 그렇지 않은지를 제게 말씀해 주십시오"라는 질문으로 대화는 시작된다. 세 권으로 구성된 이 책에서 주로 다루는 주제는 의지와 악에 대한 물음이다. 아우구스티누스는 『자유의지론』에 대한 『재론고』에서 다음과 같이 밝히고 있다. "우리가 (밀라노에서 아프리카로 돌아가던 여로에) 로마에 체류하는 동안 악이 어디에서 유래하는가를 논의를 통해 탐구하고자 했다. (중략) 우리가 상세하게 논의한 결론은 악은 자유의지로부터가 아니면 어디에서도 유래하지 않는다는 것이었으므로 이 토론에서 나온 세 권의 책을 『자유의지론』이라고 부르게 되었다. 그중 2권과 3권은 아프리카에서, 내가 히포 레기우스에서 사제로 서품된 다음에, 그 당시 내가 할 수 있는 선에서 끝맺었다."(성염 역주, 『자유의지론』, p.428 이하 참조)

　『자유의지론』에서 다루려고 하는 물음이 진정한 의미에서 시작되는 곳은 1권, 4이다. '우리가 악하게 행동하는 이유'를 묻는 에보디우스에게 아우구스티누스는 이 문제가 자신을 무척 괴롭혔던 문제라고 밝히고 있다. 그리고 그는 하느님의 은총으로 이 문제에서 헤어 나왔다고 밝힌다. 1권의 6부터 세 가지 악한 행위에 대해 상세하게 논의되는데, 모든 사람이 악한 행위라고 할 만한 것은 불륜과 살인, 그리고 신성모독이라는 논의에 이어 아우구스티누스는 법과 이 행위들의 앞뒤 관계를 묻는다. 즉, 악행들은 그것을 법이 금하기 때문에 악행인지 또는 그것이 악행이기 때문에 법이 금하는지를 묻고 있다. 그리고 이들에 대한 논의의 결론으로 에보디우스는 "악한 행위를 하는 모든 영역에서는 다름 아닌 정욕이 지배한다는 사실이 이미 분명해졌다"고 한다. 그러나 위에서 언급한 세 가지 큰 악행들이 모두 정욕의 지배를 받는 것은 아니다. 예를 들면, 에보디우스는 살인이 사람을 죽이는 것이므로 일반적으로 나쁜 짓이지만 때로는 살인죄가 적용되지 않는 경우가 있다. 그에 따르면 군인이 적군을 죽일 때, 재판관이나 형리가 죄를 지은 사람에게 사형을 구형할 때는 비록 그들이 사람을 죽일지라도 죄짓는 것은 아니다."(1권, 9)

위에서 언급한 세 가지 종류의 악한 행위를 다루는 과정에서 먼저 정욕에 대해 논의된다. 그리고 잠정적으로 두 대화자 사이에서 합의된 것이 진술된다. 즉, "모든 악행이 악이 되는 까닭은 그 행위가 정욕으로부터, 다시 말해서 질책 받을 만한 욕망으로부터 성취되기 때문이다."(1권, 10 참조)

그리고 살아 있다는 사실에 대한 논의를 통해서 인식과 오성에 대해 언급된다. 에보디우스는 "살아 있지 않으면 아무도 자기가 살아 있음을 인식하지 못하는 것으로 압니다. 다만 살아 있는 자가 모두 자기가 살아 있음을 인식하는지는 나도 모르겠습니다"라고 한다. 아우구스티누스는 인간이 자기 이외의 동물들보다 월등하고 그것들을 지배할 수 있는 것은 인간에게 이성 또는 오성이 있기 때문이며, 자기가 살아 있음을 알게 되는 것도 인간 이성의 덕분이라고 한다. "살아 있는 모든 것이 자기가 살아 있음을 알지는 못한다. 다만 자기가 살아 있음을 아는 자들은 누구나 반드시 살아 있다."(1권, 16)

아우구스티누스에 따르면 선한 의지는 "우리가 바르고 정직하게 살고 최고의 지혜에 도달하기 바라는 의지이다."(1권, 25) 그리고 선한 의지를 중시하고 사랑하는 사람은 네 가지 덕, 즉 현명함, 용기, 절제, 정의를 갖추고 있다는 결론이 나온다.(1권, 27) 비참하게 살기를 바라는 사람은 아무도 없는데, 그리고 모든 사람은 복된 삶을 살기를 바라는데, 도대체 무슨 이유로 우리 인간은 의지에 의해서 비참한 삶을 겪는가? 그리고 인간은 어떻게 복된 삶을 획득하는가? 제 1권은 도덕적인 잘못에 대한 정의로 끝난다. 즉, 죄라고 말하기도 하는 인간의 도덕적인 잘못은 신학의 측면에서는 인간이 불변하는 사물, 신적인 진리 그리고 창조자에서 불확실한 가변적인 사물들에게 돌아서는 것이다. 그리고 에보디우스는 "하지만 저 자유의지라는 것으로 인해서 우리가 범죄를 저지를 능력이 있다는 신념이 듭니다만, 우리를 만드신 분께서 군이 우리에게 자유의지를 주셔야만 했는지 묻고 싶습니다. 만약 우리한테 그것이 없었더라면 우리가 범죄를 저지르지 않았으리라고 봅니다. 또 그 일로 결국 하느님이 우리 악행들의 장본인으로 여겨지지 않을까 두렵습니다"(1권, 35)라는 질문을 던진다.

에보디우스의 "하느님이 악의 장본인인지 아닌지 제게 말씀해주십시오"라는 요청으로 시작된 1권의 끝에서 에보디우스는 다음과 같은 어투로 그 내용을 정리한다. "악한 일을 한다는 것이 무엇을 의미하는지는 해결된 것 같다. 그리고 어디서 악이 유래하는지도 논의된 것 같다. 우리는 자유의지에 의해서 악을 행한다. 그런데 악을 행하는 능력이 자유의지에 주어졌다는 것은 결국 하느님이 우리를 창조하시면서 굳이 그런 자유의지를 반드시 주셨어야 하는가 라는 의문을 제기하게 한다. 만약 자유의지를 주시지 않았더라면 우리는 범죄를 저지르지 않았을 테니까 말이다. 그러므로 하느님은 우리의 악행에 대해서 어느 정도 책임을 지셔야 한다." 에보디우스는 '하느님이 왜 인간들에게 의지의 자유를 주었는지, 그 자유를 우리가 받지 않았더라면 우리는 죄를 짓지 않을 수 있었을 것'이라는 의문을 제기한다.(2권, 1 참조) 그리고 이제 이 자유의지를 정말 하느님이 우리 인간에게 주었는지에 대해 논의한다. 아우구스티누스는 자유의지 없이 우리는 올바르게 살 수 없다는 사실만으로도 하느님이 인간에게 의지의 자유를 주신 이유를 충분히 알 수 있다고 한다.(2권, 3)

아우구스티누스는 2권에서 먼저 하느님의 존재가 어떻게 분명해지는가를 묻고, 다음으로 선한 모든 것이 하느님에게서 유래하는지를 묻고, 마지막으로 인간의 의지가 선한 것에 속할 수 있는가를 묻는다. 그가 이곳에서 제기하는 첫 번째 물음은 하느님의 존재 증명과 관계있으며, 두 번째 물음은 하느님이 모든 존재의 근원이며 나아가 선의 근거인가라는 물음과 관계있다. 그리고 마지막 물음은 바로 이 책의 큰 주제인 자유의지에 대한 것이다. 아우구스티누스는 이 물음들이 해결된다면 자유의지가 인간에게 정당하게 부여되었는가라는 것도 충분히 분명해질 것이라고 한다. 그리고 가장 분명한 것을 논의의 출발점으로 삼기로 하고 이렇게 묻는다. " 네 자신이 존재하는지를 나는 너에게 먼저 묻는다. 네가 이 물음에서 기만당하지 않을까 두려워할 필요는 없다. 왜냐하면 네가 존재할 때에만 너 자신은 기만당하기 때문이다."(2권, 7)

이 책에서 아우구스티누스는 가장 기본적인 것에서 시작해서 이성보다 뛰어난 존재로 나아가는 방법을 채택하면서 신 존재 증명을 시도한다. 이곳에서는 존재-삶-인식의 구도에 따라 인간 인식의 확실성이 논의된다. 존재와 살아 있음과 인식함에 대한 논의를 시작으로 인간의 다섯 가지 외적인 감각에 대한 서술과 이를 뒤따르는 내적인 감각기관에 대한 서술에 이어, 우리 이성보다 더 상위에 있는 존재자인 하느님에 대한 서술이 이어진다. 먼저 인간의 이성이 내적인 감각기관보다 뛰어나다는 것이 다음과 같이 설명된다. '존재하기만 할 뿐 생명도 없고 무엇을 인식하지도 못하는 자연 사물, 혼 없는 물체, 예를 들면 돌이나 물, 불 같은 것보다는 비록 인식은 하지 못하더라도 존재하고 생명도 갖고 있는 짐승들의 혼백, 또는 식물 같은 사물이 더 우위에 놓여 있다. 또 이런 자연 사물보다는 존재도 하고 살아 있기도 하고 인식도 하는, 사람에게 있는 이성적 지성 같은 사물이 더 우위에 놓일 것이다.' 아우구스티누스가 이 설명을 통해서 의도한 것은 인간에게 가장 뛰어난 부분은 인간의 이성이라는 것과 더 나아가 인간의 이성보다 더 뛰어난 존재자인 하느님이 존재한다는 것을 확실하게 하는 것이었다.

아우구스티누스는 여기에서도 지혜에 대해 언급한다. 그는 지혜에 대해 여러 가지 관점에서 고찰한 후 지혜와 행복과 최고선의 관계에 대해 논의한다. 그는 "누구든지 원하지 말아야 할 것을 원하는 사람은, 비록 선한 것으로 보이지 않으면 그것을 원하지 않겠지만, 여전히 잘못을 저지르고 있는 것"이라고 한다. 그에 따르면 우리는 모두 행복해지기를 바라며, 사람들 모두가 행복한 삶을 추구한다면 잘못을 저지르는 것이 아니다. 또한 최고선에 의거하지 않고는 아무도 행복하지 못하며, 그 최고선은 우리가 지혜라고 일컫는 그 진리 안에서 식별되고 견지된다.(2권, 26) "그 최고선이라는 것이 무엇이든지 간에 최고선을 소유하지 않고서는 사람이 행복해질 수 없다는 사실은 아무도 의심치 않기 때문이다."(2권, 27) "그대가 행복해지는 것보다 더 청할 바가 무엇이겠는가? 그리고 흔들리지 않고 불변하고 지극히 탁월한 진리를 향유하는 일보다 더 행복한 것이 무엇이겠는가? 크디큰 열정으로 탐하던 아름다운 육체를 (중략) 얼싸안고서 사람들이 자기는 행복하다고 소리치거늘 우리는 진리를 포옹하고서도 행복을 의심할 터인가? 사람들은 (중략) 멋지게 꾸미고 풍성한 점심이나 저녁을 먹으면 행복하다고들 소리치는데, 우리는 진리로 목을 축이고 진리로 보양하면서도 행복함을 부정할 셈인가? (중략) 진리에 취해 있으면서도 우리가 행복하다고 말하기를 주저하겠는가?"(2권, 35) 아우구스티누스는 진리 속에서 최고선을 식별하고 견지하고 최고선을 향유하자고 권한다. 그에 따르면 최고선을 향유하는 사람이 정말 행복하기 때문이다. 그대가 만일 존재는 하지만 생명이 없는 것, 그리고 존재하고 생명이 있지만 인식하지 못하는 것, 또 존재하고 생명이 있고 인식하는 것 이외에 다른 종류의 피조물을 발견한다면 그때는 하느님으로부터 유래하지 않는 다른 선이 존재한다고 단언할 수 있을 것이다.

하느님이 존재하고 모든 선들이 하느님으로부터 온다는 사실과, 존재하는 모든 것이, 그것이 이성적으로 인식하고 생명을 갖고 존재하든 또는 인식하지는 못하지만 생명을 지니고 존재하는 것이든 또는 오직 존재만 하는 것이든, 모든 것이 하느님으로부터 온다는 사실은 분명해 보인다.(2권, 47) 선들의 위계질서에서 자유의지는 중간선으로 간주된다. 정신의 능력들은 그것 없이는 올바른 삶이 불가능하므로 중간선이다. "위대한 선들만 아니고 미미한 선들도, 모든 선이 유래하는 그분, 다시 말해서 하느님에 의해서가 아니면 존재하지 못한다. (중략) 덕목들, 그것에 힘입어서 바르게 살아가는 덕목들은 커다란 선들이다. 물체들의 형상은 그것 없이도 올바른 삶이 가능하므로 미미한 선들이다. 그 대신 정신의 능력들은 그것 없이는 올바른 삶이 불가능하므로 중간선이다. 덕목은 아무도 악용하지 못한다. 그 밖의 선들, 즉 미미한 선들이나 중간선들은 선하게만 사용하는 것이 아니라 누구든지 악하게 사용할 수도 있다. (중략) 그래서 하느님의 풍요하고도 어지신 선하심은 위대한 선들만 아니라 중간선과 미미한 선도 존재하게 작정하셨다."(2권, 50)

에보디우스는 우리 인간은 자유로운 의지의 결정에 따라 죄를 지으므로 애초부터 자유로운 의지의 결정이 하느님으로부터 인간에게 주어지지 말았어야 했다는 다른 의견을 제기한다. 아우구스티누스는 우리가 자유의지로 인해 짓게 되는 죄에 대해 이렇게 언급한다. "의지 자체는 중간선에 불과하기 때문에 공통되고 불변하는 선에 결속됨으로써 인간의 첫 번째이며 위대한 선이 획득된다. 따라서 의지가 공통적인, 변하지 않는 선에 반대해서 고유한 선이나 외적인 선 또는 열등한 선에 향할 때 우리는 악을 행한다."(2권, 53)

이 책의 제3권은 대체로 아우구스티누스 혼자 묻고 답하는 식으로 전개된다. 그리고 에보디우스가 우리의 자유의지와 하느님의 예지에 대한 물음을 던진 후(3권, 10) 아우구스티누스 혼자 논의를 계속한다. 그리고 에보디우스는 3권의 46에서 다시 등장했다가 이 책이 끝날 때까지 나타나지 않는다. 다만 아우구스티누스가 이 책의 마지막 문장에서 그를 의식한 듯 대화체로 논의를 끝낸다.

3권에서 아우구스티누스는 이성을 가진 피조물에게 악의 기원이 무엇인지를 논하고, 에보디우스가 대화의 단초로 끄집어낸 하느님의 예지와 인간의 자유의지에서 빚어지는 혼란을 다룬다. 또한 아우구스티누스는 영혼의 기원과 창조 등에 대한 문제에 대해, 어린이들의 고통과 죽음, 유아 세례 등에 관해 진술하고 또한 지혜와 어리석음에 대해 논의한다.

그에 따르면 어리석음은 추구해야 할 것과 피해야 할 것을 구분하지 못하는 무지인데, 그렇다고 모든 무지가 다 어리석음은 아니고 결함에 의한 무지가 어리석음이다. 그리고 이것은 이성을 지닌 피조물에게만 해당된다. 아우구스티누스에 따르면 우리가 지혜를 등질 때 우리는 죄를 짓는 것이다. "죄라는 것은 계명을 받아들이는 데 소홀하거나, 그것을 준수하는 데 소홀하거나 또는 지혜에 대한 관조에서 소홀한 것이다."(3권, 72)

하느님의 예지와 인간의 자유의지의 관계, 즉 '하느님이 모든 미래사를 예지하는데 우리가 어떻게 필연에 의하지 않고 죄를 범하는 일이 가능한가'에 대해 에보디우스는 이렇게 자신의 논지를 편다. "인간이 범죄를 저지르리라는 것을 예지하신 이상 하느님이 예지하시는 바가 이루어짐은 필연적이라는 것입니다. 그토록 불가피한 필연성이 있는데 무슨 수로 자유로운 의지가 존재한다는 말입니까?"(3권, 2. 4)

지금까지의 에보디우스의 진술을 기반으로 아우구스티누스는 그의 질문의 요점을 이렇게 정리한다. "하느님이 미래사를 예지하신다는 것을 부정하거나, 정작 우리가 이것을 부정할 수 없는 이상, 인간이 의지로 범죄를 저지르는 것이 아니라 필연적으로 범죄를 저지른다고 공언하는 수밖에 없다는 것이다."(3권, 6) 하느님이 모든 미래사를 예지한다는 사실을 우리가 부정하지 않으면서도 우리는 우리가 원하는 바를 원한다. 그렇다면 하느님은 우리의 능력도 이미 알고 계신다. 하느님이 그것을 미리 알고 계신다고 해서 우리 능력이 감소되는 것은 아니다. 에보디우스는 우리 인간이 의지로 인해 죄를 짓는 다는 것을 부정하지는 않지만 우리가 죄를 짓게 되리라는 것을 하느님이 미리 알고 있다는 것과 우리의 자유의지가 어떻게 충돌하지 않는지를 모르겠다고 한다.(3권, 9)

우리는 이와 관계있는 논변을 『신국론』에서도 발견할 수 있다. "그런데 키케로는 (중략) 일체의 예지를 거부했고, 스토아 학자들은 만사가 운명에 따라 이루어진다고 주장하면서도 만사가 필연으로 이루어지는 것은 아니라고 했던 것이다. (중략) 저처럼 위대하고 박식한 (중략) 인물(키케로)이 이 둘 가운데서 의지의 자유로운 선택을 골랐다. (중략) 그런데 그리스도인들의 경건한 지성은 인간의 자유와 하느님의 예지를 모두 선택하고, (중략) 인간 의지들 역시 인간 행위들의 원인이기 때문이다. 따라서 사물들의 모든 원인들을 예지한 분은, 당연히 그 원인들 속에서 우리 의지들을 무시했을 리 없다. 그 의지들이 우리 행위의 원인이 되리라고 예지했을 것이기 때문이다. (중략) 나는 원인들의 질서(이것을 스토아학파는 (중략) 운명이라고 부른다)에 의해 우리의 자유의지가 박탈당한다고는 말하지 않겠다."(『신국론』, 5권, 9)

자유로운 선택과 인간의 악한 행위에 영향을 주는 조건은 오류와 육체적인 욕망이다. 그리고 사탄과 같이 스스로 결정해서 죄를 짓는 존재자의 죄는 교만에서 온다. 교만이란 상위의 선인 하느님의 선을 사랑하지 않고 가변적인 것으로 향하는 것이다. "교만은 모든 죄의 시작이며 인간의 교만의 시작은 하느님에게 등 돌리는 것이다."(3권, 76) 교만이란 영적인 피조물이 신을 사랑하기보다는 자신을 사랑하는 것이며, 이것이 아우구스티누스에게는 가장 근본적인 악에 해당한다.[17]

지금까지 언급된 것을 요약해보자. 이 작품의 중간에서 아우구스티누스는 인간의 의지를 이른바 중간선中間善으로 설정한다. 우리는 이 선을 하느님으로부터 받았다. 이 선은 본질적으로는 아니지만 질적으로 그것의 방식과 양식에서 그리고 작용에서 다른 것으로부터 부여된 크고 작은 선들과 엄격히 구분된다. 인간은 큰 선을, 예를 들면 인간의 덕을 소유하기 위해서 덕을 습득해야 한다. 인간은 의지 없이 올바로 살 수 없다. 물론 그에게 자유의지가 없었다면 그는 죄를 짓지 않았을 것이다. 의지는 하느님이 인간에게 주었다. 인간 의지의 본질적인 특징에 대한, 인간의 자유에 대한 포괄적인 논의가 우리가 이 작품에서 얻는 중요한 결실이다.

이 '중간의 선'을 특징짓는 우리 의지의 자유는 하느님이 인간이 타락했지만 인간에게 부여한 가장 큰 은총의 선물 중 하나이다. 그리고 이 의지의 자유는 인간의 가장 고상한 품위의 하나에 속한다.

돌아보며

중세 서양 사상사에서 아우구스티누스는 신앙과 신학에 대한 물음에서 성서 다음으로 권위를 갖고 있는 인물이고, 더욱이 철학에서도 중심에 놓여 있는 인물이다. 암브로시우스와 예로니무스 성인 그리고 대 그레고리우스 교황과 더불어 그는 위대한 교부에 속한다.

그러나 아우구스티누스의 중요성은 그들을 넘어선다. 카롤링거 왕조의 르네상스 시기에 아우구스티누스는 분명히 '사도들 다음으로 가장 중요한 교부'로 간주되었다. 아우구스티누스라는 존재를 중세 시대에 알리는 데 중요한 역할을 한 사람은 대 그레고리우스 교황이다. 그레고리우스의 신학은 아우구스티누스의 영향을 많이 받은 특징이 있다. 아우구스티누스가 중세에 상당한 영향을 미친 영역으로 우리는 세 가지를 꼽을 수 있다. 첫째, '신학적인 아우구스티누스주의'이다. 이것은 은총론의 전개를 말한다. 둘째 영역은 '철학적인 아우구스티누스주의'이다. 철학 영역에서 아우구스티누스는 신학에서 철학의 완성을 주장하고 신앙에 의존하지 않는 이성의 사용을 거부한다. 마지막으로 '정치적인 아우구스티누스주의'가 오는데『신국론』에는 두 개의 '영역' 또는 '지배'에 의한 정신적인 힘과 세속적인 힘의 대립이 논의되어 있다.

중세의 전성기에 아우구스티누스는 중요한 인물이었다. 중세 신학생들의 교과서였던 페트루스 롬바르두스의『명제집』에 있는 모든 인용문의 약 90%는 아우구스티누스의 텍스트에서 인용한 것이다.

고대와 중세 사이에 있는 교부 시대를 대표하는 인물인 아우구스티누스의 삶은 겉으로 보면 그리 복잡해보이지 않는다. 그러나 그는 마음과 정신에서 많은 변화를 겪었다. 이런 내적인 고통이 그를 위대한 인물로 만드는 밑거름이 되었을 것이다. 위에서 살펴본 내용을 근거로 우리는 그를 일생동안 괴롭힌 문제가 바로 악의 문제와 마니교라고 결론지을 수 있다. '악은 어디에서 유래하는가?'라는 물음에 대한 답변을 찾기 위해 아우구스티누스는 신플라톤주의와 그리스도교를 받아들였다. 특히 그가 신플라톤주의에 빠지도록 만든 것은 진리와 정신의 비물질성에 대한 강조였다. 마니교의 교리와는 달리 악의 근원은 하느님으로부터 멀어지려는 인간의 자유의지에 있다. 오직 인간의 전도된 의지만이 인간 본성을 타락시킬 수 있다. 특히 인간의 자유의지와 관계된 물음에 전념하고 있는 『자유의지론』의 3권에서는 하느님의 예지와 인간의 자유의지가 논의되고 있다. 하느님의 예지의 필연성과 인간 의지의 자유가 어떻게 양립될 수 있다는 것인가? 또한 하느님이 모든 것을 예지하는 존재라면 인간이 의지의 자유를 갖고 죄를 짓게 되리라는 것도 알고 있으면서 자유의지를 주었으니 이것은 하느님의 선함에 반대되는 것이고, 만약 그것을 몰랐다면 이것은 하느님이 모든 것을 미리 알고 있다는 것에 반대된다. 그러나 자유의지 없이 존재하는 피조물보다는 그것으로 인해 죄를 짓게 되더라도 자유의지를 갖고 있는 인간의 존재가 더 고상하다.

아우구스티누스는 마니교와 아카데미아 학파와 교류를 하면서 그가 일생동안 다루었던 문제와 만나게 된다. 그리스도교와 접촉하면서 이 세상의 원리에 대한 물음은 해결된 듯이 보이나, 그의 많은 작품에서 마니교를 다루며 마니교를 비판하고 있는 것은 그에게 마니교가 상당한 영향력을 미쳤다는 것을 반증하고 있다. 그는 그리스도 신자가 된 뒤 진리를 추구하는 데 전념한다. 진리는 인식 가능하다. 행복은 탐구하는 데 있는 것이 아니라 진리에 대한 인식에 있다. 이런 의미에서 그는 회의주의에 반대한다. 그리고 이런 기본 명제가 『복된 삶에 대하여』에서 더 심오해진다. 참된 행복은 하느님에 대한 인식에 있다. 인간의 목적으로서의 지복은 하느님을 향유하는 것인데, 이는 정신적으로 하느님을 소유하는 것이다.

아우구스티누스는 진정한 의미에서의 악은 전체로서의 물질적 세계에서 발견될 수 없다고 한다. 우선 우주의 질서는 그 완전성의 정도에 따라 존재자들의 다양성을 요구한다. 그리고 물질적인 존재자들은 부패하고 타락하지만 이 존재자들의 출생과 죽음은 전체로서의 우주의 선함과 완전성에 기여한다. 하느님의 정의正義는 이성적인 영혼들이 자유롭게 발휘하는 사랑의 정도에 따라 그들을 우주적인 질서에 통합한다. 교만, 즉 그 자신의 능력을 지나치게 믿으면 외적인 대상의 세계에 집착하게 된다. 이것은 의지의 작용에 의해 일어난다. 의지의 타락은 일반적으로 고차원의 것에서 하위의 것으로 방향을 전환하는 것이다.

인간의 범죄에 대한 놀라운 묘사를 우리는 『고백록』 2권에서 볼 수 있다. 아우구스티누스는 이웃집 배나무에서 배를 훔친 일을 고백하면서 그 행위가 육체적인 구미를 높이는 것도, 만족하게 하는 것도 아니었다는 사실을 장황하게 설명하고, 그가 그 일을 한 동기는 단지 사악한 욕망이라고 이야기한다. 그는 배가 고프지도 않았고 집에는 더 좋은 배가 있었는데 또래의 다른 친구들과 함께 몰래 이웃집 배나무의 배를 땄다. 그는 일생 동안 이 행동을 계속해서 가장 믿을 수 없는 사악한 행동으로 생각했다. 만약 그가 배가 고팠다거나 배를 얻을 방법이 전혀 없었다면 배를 훔친 것이 그렇게 나쁜 행동은 아니었을 것이다. 그러나 상황이 그랬기 때문에 이 행동은 자신도 모르게 사악함에 이끌려서 저지른 치기 어린 것이었다. 이 행동을 형언하기 어려운 어두움으로 만드는 것은 바로 이것이다. 그는 하느님께서 자신을 용서해주시길 이렇게 간청한다.

우리가 훔친 배들은 보기에 좋은 것이었으니, 당신이 그것들을 만드셨기 때문입니다. 모든 것 중에서 가장 아름다우시며 선하시며 최고의 선이며 나의 참된 선이신 주님! 그 과일들은 보기에 좋은 것이었으나, 내 비참한 영혼은 그것을 갈망하지 않았습니다. 나는 더 좋은 배들을 많이 갖고 있었고, 다른 사람의 배나무를 흔들었던 것은 오직 배들을 훔치기 위해서였습니다. 왜냐하면 배나무를 채 다 흔들기도 전에 나는 배들을 던져 버렸기 때문입니다. 그 일에서 내가 먹은 것은 죄였으며, 나는 그것을 기꺼이 즐겼습니다.(『고백록』 2권, 6, 12)

필자가 박사 학위를 취득하기 위해 구두 시험을 보았을 때의 일이 생각난다. 부전공 과목 중 하나였던 가톨릭 신학의 구두 시험 때 교수 신부님께서 던지신 질문이 아직도 내 기억 속에 생생히 남아 있다. "아우구스티누스는 그의 『고백록』에서 배를 훔친 일을 왜 그토록 상세하게 서술했는가?" 그는 이런 사소한 모든 일까지도 하느님은 다 보고 계시며 인간을 용서해주신다는 것을 말하고 싶었기 때문이라는 것이 교수님의 생각이었다. "신부님과 같은 성직자가 벤츠 같은 고급 승용차를 몰고 다니는 것에 대해 당신은 어떻게 생각하는가? 그리고 예수님은 어떻게 생각하실 것 같은가?"라는 또 다른 질문에 대해 필자는 신부님과 다음과 같은 짤막한 대화를 나누었다: "평소 제 생각을 말해도 좋습니까?" "물론이지요." "만약 예수님께서 지상에 내려오셔서 그것을 보신다면 이것은 내가 생각한 세상과 다르다고 실망하시고 다시 하늘로 가실 것 같습니다." 아마 어떤 사람들은 내게 예수님은 어쨌든 지상에 내려오시지 않는다고 말할지도 모른다. 신부님은 "나도 그렇게 생각합니다"라고 하셨는데, 항상 검은색 스웨터와 검은색 바지를 입고 다니시고, 검소함이 몸에 밴 분에게서 당연히 나올 법한 대답이었다. 나는 이분을 참으로 존경한다. 그리고 아우구스티누스에 대한 글을 쓰려고 결정했을 때 이 신부님이 가장 먼저 생각났다.

"그날 나는 얼마나 비참했던가!" 명예와 돈과 같은 외적인 선들을 갈망하고 있던 아우구스티누스는 황제를 칭송하는 글을 준비하고 있었고, 이 칭송은 기만으로 가득 찬 것이었다. 그는 이것을 알고 있었고 자신은 거짓말쟁이였다고 후에 고백한다. 그리고 그는 이 연설을 준비할 걱정 때문에 거의 숨을 쉬지 못할 지경이었다. 그는 밀라노의 골목길을 지날 때 쾌활하게 농담하고 있는 거지 한 사람을 보았다. 아우구스티누스는 동전 몇 개에도 기뻐하는 걸인의 모습을 보면서 자기 자신의 영혼의 비참함을 절감한다. 그래서 그는 "그날 나는 얼마나 비참했던가!"라고 적고 있는 것이다.

삶을 위해서 사실 우리에게는 많은 것이 필요하지 않을지도 모른다. 그럼에도 우리는 항상 더 많이, 더 좋은 것을 가지려고 한다. 하루하루 나이를 먹는다는 것은 하루하루 하나씩 포기해가며 살 줄 아는 지혜를 터득해가는 것일진대 우리는 하루하루 더 원하며 살고 있지는 않은지. "나에게 무엇이 더 필요한가를 생각하지 말고, 내가 지금 갖고 있는 것 중에서 내게 없어도 되는 것이 무엇인가를 생각하라." 필자가 이 말을 들을 수 있도록 해주신 하느님께 감사한다.

주

1) F. 코플스톤, 박영도 옮김, 『중세철학사』, 서광, 1989, p.67.

2) 소피아 로비기, 이재룡 옮김, 『인식론의 역사』, 가톨릭대학교 출판부, 2004, p.57.

3) 『복된 삶에 대하여』 1,4; 『고백록』 3권, 47 참조.

4) 귄터 란츠콥스키, 박태식 옮김, 『종교사 입문』, 분도, 2003, pp.64~68. 참조.

5) 보에티우스, 정의채 옮김, 『철학의 위안』 제1서, 산문 4, 성바오로출판사, 1993, p.27. 참조.

6) J. P. 번스 「아우구스티누스와 악의 문제」, W. S. 뱁코크 엮음, 문시영 옮김, 『아우구스티누스의 윤리학』, 서광사, 1998, p.147; 아우구스티누스는 『참된 종교에 대하여』[XLV.83]에서 인간의 오만에 대해 이렇게 언급한다. "첫 번째 사물들에 애착하고 그것들을 향유하도록 허락받은 존재인데도 사람들은 가장 낮은 선을 사랑하게 된다. 그리고 낙원에서도 금한 음식을 먹은 것은 영혼의 탐욕과 악용 때문이었다."

7) 우리가 세상을 대립물로 구성된 것으로만 간주하고 선과 악에 대한 판단의 최종적인 근거를 찾는다면 우리는 마니교도들의 오류에 빠질 것이다.
토마스 아퀴나스, 『신학대전』 1부, 물음 49, 3항, 답변: "그런데 두 가지 제1원리를, 이 중 하나를 선의 근원으로, 다른 하나를 악의 근원으로 설정한 사람들이 이런 오류에 빠진 것은 고대인들이 또 다른 이상한 견해를 갖게 된 것과 같은 근거에서이다. 다시 말해서, 그들은 존재자 전체의 보편적인 원인을 고려하지 않고 개별적인 결과들의 개별적인 원인들만을 고려했기 때문이다."

8) 『Enchiridion』, IV, 13: "어떤 선이 존재하지 않는다면 우리가 악이라고 말하는 것은 존재하지 않는다는 것이 여기에서 결론으로 나온다. 어떤 악한 것도 함유하고 있지 않은 선은 완전한 선이다. 그것에 악이 내재해 있는 선은 부패된 또는 부패될 수 있는 선이기는 하지만, 그럼에도 역시 선이다. 이 말은 선이 존재하지 않는 곳에는 악이 결코 존재할 수 없다는

뜻이다."

9) 이에 반해 『삼위일체론 *De trinitate*』에서는 "나는 의심한다. 그러므로 나는 존재한다(dubito ergo sum)"라고 언급한다(『삼위일체론』10권 [10.14], Hamburg, 2001, pp.118~119 참조) 아우구스티누스는 "내가 만일 속는다면 나는 존재한다(Si enim fallor, sum)"라고 언급하는데(『삼위일체론』15권, 15), "성 아우구스티누스의 이런 주장과 데카르트의 '코지토cogito' 사이의 유비에 관해서는 많은 논란이 있어 왔다. 데카르트의 '코지토' 안에 그의 철학 전체가 담겨 있다고 보는 사람들은 이 두 주장들 사이에 (서술적 유사성 외에) 어떠한 실재적 유비도 없다고 주장한다. (중략) 그러나 나는 '코지토'가 직접적으로 자명한 진리이기 때문에 도달점이 아니라 출발점은 (비록 두 사상가가 그 위에 다른 체계를 쌓아 올리기는 했지만) 성 아우구스티누스와 데카르트에게서 동일한 의미를 가지고 있다고 생각한다."(소피아 로비기, 이재룡 옮김, 『인식론의 역사』, 가톨릭대학교출판부, 2004, p.60, 각주 7) 또한 아우구스티누스의 "내가 만일 속는다면 나는 존재한다(Si enim fallor, sum)"와 데카르트의 "나는 생각한다, 그러므로 나는 존재한다(cogito ergo sum)"의 유사성과 자신의 논지와 아우구스티누스의 논지는 다르며, 결코 아우구스티누스의 것에서 자신의 철학의 토대 및 사유 원리를 따오지 않았다는 등의 데카르트의 주장 및 이에 대한 비판은 다음의 논문을 참조하길 바란다. 성염, 「Si fallor sum: 아우구스티누스 인식론의 형이상학적 맥락」, 『중세철학』, 제5호(1999), pp.81~113.

10) 이 세 가지, 즉 존재함(esse), 삶(vivere), 인식함(intelligere)에 대해서는 특히 『삼위일체론』15권(12. 21) 참조.

11) 『신국론』11권, 26.

12) 『참된 종교에 대하여』(XXXIX.72)와 (XXXIX.73) 참조. 여기에서 아우구스티누스는 "내가 말하는 것을 인식하지 못한다면, 그리고 그것이 참인가 의심한다면, 네가 의심한다는 사실조차 네가 의심하는지 살펴보아라. 그리고 네가 의심한다는 것이 확실하다면 이 확실성이 어디에서 오는가를 물어라"라고 서술한 뒤에 우리의 육체적인 눈으로 볼 수 없는 예지적인 빛에 대해 언급하고 있다.

13) 『삼위일체론』 2권, (15. 24). "신은 인식하는 정신이 정신적으로 인식 가능한 사물에 결합하고 있고 그 사물에 종속해 있도록 인식하는 정신의 본성을 창조했고, 또한 육체의 눈이 그 사물들을 보듯이 고유한 방식의 어떤 비물질적인 빛 안에서 이 사물들을 보도록 인식하는 정신의 본성을 창조했다고 우리는 믿어야 한다."

14) 왜냐하면 말함은 지혜의 광채를 통해 비추어진다는 뜻이기 때문이다. 지혜에 대해서는 이렇게 씌어 있다. "지혜는 영원한 빛의 광채이다."(지혜서, 7장, 26절)

15) A. Augustinus, 『Confessiones』, München 1987, X. 1,1.

16) 도나티스트들은 가톨릭 교회와 분리하여 모든 세계가 그리스도의 유산이라고 주장한다. 아우구스티누스의 분석에 따르면, 도나티스트파는 교회의 거룩성의 기초를 신의 은총과 신실함에 두는 것이 아니라, 그들이 속한 교회의 주교들의 결백성과 순수함에 둔다. 그들의 교만은 자신들에게 거룩하게 되는 힘이 있다는 주장을 하게 했다. 도나티스트 못지않게 아우구스티누스가 반대한 사람은 펠라기우스이다. 그는 펠라기우스의 그리스도교적인 완전주의에서 가장 위험한 유형의 교만을 보았다. 펠라기우스는 신이 인간에게 선을 선택하고 행할 수 있는 천부적인 능력을 주었다고 주장한다. 자유의지를 강조하는 이들의 주장에 따르면 하느님의 은총은 설 자리를 잃게 되는 것이다.(『아우구스티누스의 윤리학』, p.145 참조)

17) J. P. 번스, 「아우구스티누스와 악의 문제」, W. S. 뱁코크 엮음, 문시영 옮김, 『아우구스티누스의 윤리학』, 서광, 1998, p.124. 참조.

참고문헌

귄터 란츠콥스키, 박태식 옮김, 『종교사 입문』, 분도, 2003.

소피아 로비기, 이재룡 옮김, 『인식론의 역사』, 가톨릭대학교출판부, 2004.

아우구스티누스, 박주영 옮김, 『행복론』, 누멘, 2010.

_____, 성염 역주, 『신국론』, 분도, 2004.

_____, 성염 역주, 『자유의지론』, 분도, 1998.

_____, 성염 역주, 『참된 종교』, 분도, 1989.

Aurelius Augustinus, 『De beata vita』, lat./deut., Stuttgart, 1997.

_____, 『Bekenntnisse』, lat./deut., Frankfurt am Main, 1987.

_____, 『De trinitate』, lat./deut., Hamburg, 2001.

_____, 『De vera religione』, lat./deut., Stuttgart, 1991.

_____, 『Der freie Wille』, Paderborn, 1986.

_____, 『Vom Gottesstaat』, München, 1991.

_____, 『Enchiridion de fide spe et caritate』, lat./deut., Düsseldorf, 1960.

F. 코플스톤, 박영도 옮김, 『중세철학사』, 서광, 1989.

W. S. 뱁코크 엮음, 문시영 옮김, 『아우구스티누스의 윤리학』, 서광, 1998.

프랑스엔 〈크세주〉, 일본엔 〈이와나미 문고〉,
한국에는 〈살림지식총서〉가 있습니다.

📖 전자책 | 🔍 큰글자 | 🔊 오디오북

아우구스티누스 기독교의 가장 위대한 사상가

펴낸날	초판 1쇄 2006년 11월 30일
	초판 4쇄 2023년 3월 30일

지은이	박경숙
펴낸이	심만수
펴낸곳	(주)살림출판사
출판등록	1989년 11월 1일 제9-210호

주소	경기도 파주시 광인사길 30
전화	031-955-1350 팩스 031-624-1356
홈페이지	http://www.sallimbooks.com
이메일	book@sallimbooks.com

ISBN	978-89-522-0584-1 04080
	978-89-522-0096-9 04080 (세트)